中长期我国人口结构变化及其影响研究

刘秀丽　陆凤彬　张卓颖　李　娜　汪寿阳　著

科学出版社

北　京

内 容 简 介

本书围绕我国人口发展的核心目标与要求，在不同生育政策情景下，从我国人口规模和结构预测、人口规模和结构变化对就业与经济增长的影响、人口规模和结构变化对资源环境的影响三个方面系统介绍了作者的研究成果。本书基于计量经济学、人口学、资源经济学、环境经济学、统计学等方法，与现实问题密切结合，构建创新性的模型，力求真实地呈现中长期我国人口规模和结构的变化及其与经济、资源、环境之间的相互作用关系和内在逻辑。在预测、测算和结果分析的基础上，针对我国人口发展领域存在的突出问题提出了相应的对策建议。全书资料丰富，内容翔实，分析历史，展望未来，对我国人口与经济、资源环境的协调发展和人口政策的制定有重要参考价值。

本书既可作为高等学校人口经济学、发展经济学及相关专业本科生及研究生学习参考用书，也可供从事人口政策制定、规划与管理的实践工作者使用和参考。

图书在版编目（CIP）数据

中长期我国人口结构变化及其影响研究/刘秀丽等著. —北京：科学出版社，2023.6

ISBN 978-7-03-071634-7

Ⅰ.①中… Ⅱ.①刘… Ⅲ.①人口构成—研究—中国 Ⅳ.①C924.24

中国版本图书馆 CIP 数据核字（2022）第 033515 号

责任编辑：郝 悦/责任校对：贾娜娜
责任印制：赵 博/封面设计：有通设计

科 学 出 版 社 出版
北京东黄城根北街 16 号
邮政编码：100717
http://www.sciencep.com

中煤（北京）印务有限公司印刷
科学出版社发行 各地新华书店经销

*

2023 年 6 月第 一 版 开本：720 × 1000 1/16
2024 年 1 月第二次印刷 印张：9 1/2
字数：192 000

定价：108.00 元

（如有印装质量问题，我社负责调换）

前　　言

人口规模和结构的预测是国民经济预测的重要内容，是制定人口规划的重要依据，也是制定经济发展战略的重要手段。人口的稳定发展直接关系到我国社会、经济的可持续发展。20 世纪 70 年代末，我国为了缓解人口过快增长带来的社会压力，开始实行计划生育政策，并有效地降低了我国的生育率。低生育率虽然在一定历史时期对减轻人口压力起到了积极作用，但随着时间的推移，未来也可能引起人口总量负增长、人口结构老龄化、劳动力短缺、养老服务需求快速增加等现象。中长期我国人口发展出现的这些变化还会对经济发展产生重要影响。例如，低生育率导致的劳动力老化、劳动力供给总量的下降，会对劳动生产率的提高以及经济竞争优势产生负面影响。同时，人口年龄结构的改变也会影响储蓄和投资的比例、养老服务需求的增加、资源环境承载力的变化等。

因此，系统分析人口发展的主要影响因素，准确地预测不同生育政策情景下未来人口规模、人口结构（年龄、性别等），总结人口发展的主要特点，定量测算不同生育政策情景下人口结构变化对劳动力供需平衡、经济增长、储蓄、老龄消费、收入差距、资源环境承载力及粮食需求等的影响，提出调整生育政策、促进经济增长、缩小收入差距、发展老龄产业、提高资源环境承载力、保障粮食安全等方面的策略建议，对我国经济行稳致远、社会安定和谐、全面建成社会主义现代化强国具有极其重要的意义。

本书立足于我国人口管理发展现况，面向国家发展战略需求，借鉴和吸收了本领域最新研究成果，本书的主要内容完成于 2019 年底，模型和计算中所用数据截至 2019 年。主要受新冠疫情影响，本书提交出版的时间被延迟，在本书出版过程中，作者补充完善了 2020 年至 2023 年 3 月我国在人口政策调整方面的新进展。本书在设置不同生育政策和生育情景下，进行了我国人口规模和结构预测、人口规模和结构变化对就业与经济增长的影响测算、人口规模和结构变化对资源环境的影响测算三个方面的研究，以展示和对比不同生育政策情景可能带来的人口、就业、经济增长和资源环境等方面的影响。本书共 8 章。第 1 章介绍了不同生育政策情景下我国人口规模与结构预测研究。第 2 章是我国劳动力供需分析及测算。第 3 章是我国人口结构变化对经济增长影响的实证分析。第 4 章是我国人口结构变化对储蓄率的影响分析。第 5 章是我国老龄产业规模及其对经济带动研究。第 6 章是我国居民收入差距影响因素分析及基尼系数预测。第 7 章是我国人口结构变动对资源环境承载力的影响。第 8 章是不同生育政策情景下我国食物用粮需求的测算。本书研究方法的特点是多学科交叉，涉及管理科学、系统工程、数学、经济学、统计学、资源、环境和科技等。本书的研究结果，对佐证我国已实施的完全二孩生育政策的必要性，对支撑我国进一步调整生育政策，促进人口与经济、资源环境协调发展具有科学的参考价值。

中国科学院数学与系统科学研究院的刘秀丽研究员负责撰写了本书的前言、第 1 章、第 2 章、第 7 章和第 8 章，并对全书进行了统稿和审核。中国科学院数学与系统科学研究院毕业的刘庆硕士也参与了第 1 章、第 7 章和第 8 章的撰写。中国科学院数学与系统科学研究院陆凤彬副研究员负责撰写了本书的第 3 章和第 4 章。中国科学院青藏高原研究所张卓颖副研究员负责撰写了本书的第 5 章。平安科技（深圳）有限公司算法专家李娜博士负责撰写了本书的第 6 章。中国科学院数学与系统科学研究院汪寿阳研究员对书稿全文进行了审阅。撰写本书的所有人员都投入了大量时间和精力，在此表示衷心感谢。

本书的研究工作得到了中国科学院学部咨询项目"中长期我国人口结构预测研究"、国家社会科学基金专项项目"营养导向型粮食需求预测与粮食安全提升策略研究"、中国科学院重点部署项目"新时期国民营养与粮食安全"和国家自然科学基金面上项目（71874184，71871213，71874183）的资助和支持。

在本书出版过程中，科学出版社经管分社马跃社长、徐倩编辑提出了许多宝贵建议，在此向他们表示衷心感谢！还要特别感谢给予作者长期支持、指导和帮助的很多相关领域的著名学者，包括中国科学院数学与系统科学研究院的马志明院士、国务院发展研究中心的李善同研究员、北京大学和 Duke University（杜克大学）的曾毅教授、中国航天科技集团第 710 研究所的于景元教授、中国社会科学院人口与劳动经济研究所的王广州研究员、University of Illinois at Urbana-Champaign（伊利诺伊大学厄巴纳-香槟分校）的 Geoffrey Hewings 教授等，他们为项目的完成和本书的写作提供了宝贵的建议和帮助。感谢中国科学院数学与系统科学研究院的秦明慧博士生、相鑫博士生、窦羽星博士生、郇松桦硕士生为本书的编辑提供的帮助！

人口问题研究涉及学科领域广泛，发展迅速。受时间和水平的局限，书中难免存在不足之处，欢迎专家学者和广大读者批评指正。

刘秀丽

2023 年 3 月

目　　录

第1章　不同生育政策情景下我国人口规模与结构预测研究 ……………… 1
　1.1　研究背景 …………………………………………………………… 1
　1.2　理论模型与参数估计 ……………………………………………… 8
　1.3　结果及分析 ………………………………………………………… 12
　1.4　小结 ………………………………………………………………… 22
　1.5　建议 ………………………………………………………………… 23
第2章　我国劳动力供需分析及测算 ……………………………………… 25
　2.1　研究背景 …………………………………………………………… 25
　2.2　中长期内我国劳动力供需的影响因素分析 …………………… 28
　2.3　测算及结果分析 …………………………………………………… 31
　2.4　小结 ………………………………………………………………… 41
　2.5　建议 ………………………………………………………………… 42
第3章　我国人口结构变化对经济增长影响的实证分析 ………………… 44
　3.1　研究背景 …………………………………………………………… 44
　3.2　带人口结构变化的生产函数模型 ……………………………… 46
　3.3　结果及分析 ………………………………………………………… 47
　3.4　小结 ………………………………………………………………… 50
　3.5　建议 ………………………………………………………………… 50
第4章　我国人口结构变化对储蓄率的影响分析 ………………………… 52
　4.1　研究背景 …………………………………………………………… 52
　4.2　模型 ………………………………………………………………… 54
　4.3　实证结论 …………………………………………………………… 55
　4.4　小结 ………………………………………………………………… 66
　4.5　建议 ………………………………………………………………… 67
第5章　我国老龄产业规模及其对经济带动研究 ………………………… 69
　5.1　研究背景 …………………………………………………………… 69
　5.2　研究方法 …………………………………………………………… 78
　5.3　结果及分析 ………………………………………………………… 84
　5.4　小结 ………………………………………………………………… 88

5.5　建议 ·· 89
第6章　我国居民收入差距影响因素分析及基尼系数预测 ·········· 92
　　6.1　研究背景 ··· 92
　　6.2　我国收入分布的估计方法 ·· 95
　　6.3　我国基尼系数走势预测 ·· 100
　　6.4　主要结果及分析 ··· 103
　　6.5　小结 ··· 106
　　6.6　建议 ··· 107
第7章　我国人口结构变动对资源环境承载力的影响 ··············· 110
　　7.1　研究背景 ·· 110
　　7.2　评价方法 ·· 112
　　7.3　评价结果 ·· 116
　　7.4　人口结构变动对资源环境承载力的影响 ······························· 119
　　7.5　小结 ··· 122
　　7.6　建议 ··· 123
第8章　不同生育政策情景下我国食物用粮需求的测算 ············ 124
　　8.1　研究背景 ·· 124
　　8.2　研究综述 ·· 124
　　8.3　食物用粮需求测算方法及结果分析 ······································· 125
　　8.4　小结 ··· 131
　　8.5　建议 ··· 132
参考文献 ·· 133
附录　一台机器人可代替多少工人的参考资料 ························· 142

第1章 不同生育政策情景下我国人口规模与结构预测研究

1.1 研究背景

1.1.1 我国生育政策的演变

为了使总和生育率（total fertility rate，TFR）保持在合理水平，实现人口长期均衡发展，我国从改革开放以来，一直严格执行计划生育政策，出台了一系列有关生育政策的条例。我国生育政策主要演变的具体情况见表1.1。

表 1.1 我国生育政策的主要演变

主要时点	政策演变	政策说明
1978 年	独生子女政策	1978 年 3 月，全国人大五届一次会议通过的《中华人民共和国宪法》首次明确规定"国家提倡和推行计划生育"。1982 党的十二大把实行计划生育确定为我国的基本国策，同年 11 月写入新修改的《中华人民共和国宪法》，规定"国家推行计划生育，使人口的增长同经济和社会发展计划相适应""夫妻双方有实行计划生育的义务"
1984 年	政策开始调整	据新华社《中国人口政策演变"编年史"》，1984 年 4 月，中共中央转发了《关于计划生育情况的汇报》的七号文件，对"一孩"政策进行修正。提出"对农村继续有控制地把口子开得稍大一些，按照规定的条件，经过批准，可以生二胎；坚决制止大口子，即严禁生育超计划的二胎和多胎"，即"开小口、堵大口"
2001 年	双独二孩政策	2001 年 12 月 29 日，第九届全国人大常委会表决通过了《中华人民共和国人口与计划生育法》，同日，国家主席第 63 号主席令予以公布，于 2002 年 9 月 1 日起施行。各地根据该法制定双独二孩政策，陆续在全国推开，即夫妇双方均是独生子女的允许生育二孩
2013 年	单独二孩政策	2013 年 12 月 30 日，中共中央、国务院印发《关于调整完善生育政策的意见》，启动"实施一方是独生子女的夫妇可生育两个孩子的政策"
2016 年	全面放开二孩政策	2015 年 10 月 29 日中共第十八届中央委员会第五次全体会议公报提出，"促进人口均衡发展，坚持计划生育的基本国策，完善人口发展战略，全面实施一对夫妇可生育两个孩子政策，积极开展应对人口老龄化行动"。自 2016 年 1 月 1 日起，全面放开二孩政策，具体政策以各地计生条例为准
2021 年	三孩生育政策	2021 年 5 月 31 日，中共中央政治局会议指出，进一步优化生育政策，实施一对夫妻可以生育三个子女政策及配套支持措施，有利于改善我国人口结构、落实积极应对人口老龄化国家战略、保持我国人力资源禀赋优势。同年 6 月，《中共中央 国务院关于优化生育政策促进人口长期均衡发展的决定》明确提出要实施三孩生育政策及配套支持措施

　　我国计划生育政策的落实经过了一定的前期准备工作。1969 年，我国总人口突破 8 亿人大关，人口与经济的矛盾更加突出，中央政府开始重申控制人口数量的重要性。1973 年，第一次全国计划生育工作汇报会正式提出了"晚、稀、少"政策，并在全国进行了推广，人口发展也第一次列入国家国民经济和社会发展五年计划和年度计划。1978 年 6 月，《国务院批转卫生部关于全国卫生工作会议的报告》（国发〔1978〕28 号），进一步明确了"晚、稀、少"的内涵，并提出了一对夫妇生育子女数"最好一个、最多两个"的新要求。"晚、稀、少"的政策推行后非常有成效。但是，由于人口增长惯性的存在，根据有关方面的预测，要实现在 20 世纪末人口总数不超过 12 亿人的目标，必须实行一对夫妇只生一个孩子的独生子女政策。在这样的背景下，1980～1984 年在全国严格落实计划生育政策。

　　1984 年 4 月 13 日，中共中央转发了《关于计划生育情况的汇报》的七号文件，文件要求进一步完善当前计划生育工作的具体政策。主要是：在农村继续有控制地把口子开得稍大一些，按照规定的条件，经过批准，可以生二胎；坚决制止大口子，即严禁生育超计划的二胎和多胎。于是"一孩半"政策在当时的需求下于 1984 年具体实施了。

　　2001 年 12 月 29 日，我国颁发了《中华人民共和国人口与计划生育法》（2002 年 9 月 1 日施行），将原有的政策性规定法律化为"国家稳定现行生育政策，鼓励公民晚婚晚育，提倡一对夫妻生育一个子女；符合法律、法规规定条件的，可以要求安排生育第二个子女。具体办法由省、自治区、直辖市人民代表大会或者其常务委员会规定"。于是"双独二孩"政策从 2001 年开始落实。

　　随着计划生育政策的实施，人口过快增长的势头得到了有效控制，到 20 世纪 90 年代人口转变初步完成，总和生育率下降到更替水平 2.1 以下。到 2012 年，人口出生率进一步下降到 12.1‰，死亡率为 7.15‰，人口自然增长率为 4.95‰，总和生育率约为 1.6，已经进入世界低生育率国家的行列。与此同时，人口老龄化加速、劳动年龄人口比重下降、出生性别比偏高等结构性问题更为突出，要求对现行人口政策进行完善调整的呼声也越来越多。2013 年 12 月，中共中央、国务院印发了《关于调整完善生育政策的意见》，启动实施一方是独生子女的夫妇可以生育两个孩子的政策（"单独二孩"政策）。到 2014 年年底，各地普遍实施了"单独二孩"政策。

　　2015 年 10 月，十八届五中全会公报提出，促进人口均衡发展，坚持计划生育的基本国策，完善人口发展战略，全面实施一对夫妇可生育两个孩子政策，积极开展应对人口老龄化行动，从 2016 年 1 月开始全国实施全面放开二孩政策。

　　2021 年 5 月 31 日，中共中央政治局会议指出，进一步优化生育政策，实施一对夫妻可以生育三个子女政策及配套支持措施，有利于改善我国人口结构、落实积极应对人口老龄化国家战略、保持我国人力资源禀赋优势。同年 6 月，《中共中央　国务院关于优化生育政策促进人口长期均衡发展的决定》明确提出要实施三孩生育政策及配套支持措施。

2021 年 8 月 20 日，全国人大常委会会议表决通过了关于修改《中华人民共和国人口与计划生育法》的决定，修改后的《中华人民共和国人口与计划生育法》规定，"国家提倡适龄婚育、优生优育。一对夫妻可以生育三个子女"。

1.1.2　我国人口结构的变化

自新中国成立以来我国人口发展主要经历了三个阶段（穆光宗和张团，2011）。第一阶段是 1950～1974 年我国处于人口高速增长阶段，我国在 1950 年只有 5.54 亿人口，国家开始鼓励生育，这一阶段出生率高（多数年份在 30‰以上），死亡率大幅度下降（从 20‰下降到 7‰），自然增长率高（年人口自然增长率在 20‰以上，最高的年份是 1963 年，达到 33‰），到 1974 年我国人口为 9.04 亿人（图 1.1），是 1950 年的 1.63 倍。相应时期，世界平均人口水平的年增长率稳定在 17‰～21‰范围内，从 1950 年的 0.11 亿人缓慢增长到 1974 年的 0.17 亿人。第二阶段是人口减速增长阶段（1975～1993 年），从 1975 年全国范围普遍提倡和开展计划生育，高水平的出生率开始下降，死亡率继续有所下降，人口自然增长率也开始下降，1975 年我国人口自然增长率下降到 20‰以下，之后出现连续稳定的下降趋势。这一时期，我国年人口增长率在 20‰以内波动下降，到 1993 年跌落至 11‰，人口为 12.2 亿人。而世界平均水平的年人口增长率稳定在 15‰～20‰范围波动下降。第三阶段是人口低速增长阶段（1994 年至今）。这一阶段出生率更低，死亡率低，自然增长率低，从 1994 年人口出生率开始持续、稳定下降到 20‰以下，同时育

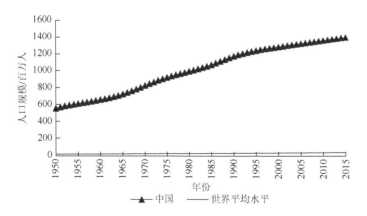

图 1.1　1950～2015 年中国和世界平均水平的人口规模

龄妇女平均生育的子女数开始达到更替水平。从 1994~2015 年，中国人口规模从 12.3 亿人增长到 14.0 亿人，年人口增长率跌破 10‰，稳定下降到 5‰~6‰，而世界平均水平的年人口增长率依旧保持在 10‰以上，在 12‰~15‰范围波动（图 1.2）。

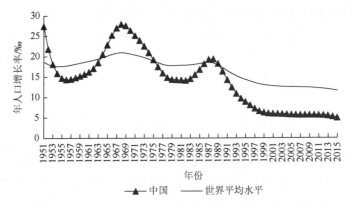

图 1.2　1951~2015 年中国和世界平均水平的年人口增长率

我国的少儿（0~14 岁）与劳动人口（15~64 岁）之比在 1950~1965 年快速上升，从 56.1%增长到 74.6%，然后持续下降，缓慢下降至 1980 年的 61%，与世界平均水平的少儿与劳动人口之比相较，从 1980 年计划生育政策实施开始，我国的少儿占比一直低于世界平均水平，而且一路走低。二者的缺口越来越大，到 2015 年达 16.2%，见图 1.3（a）。中国的老年人口（65 岁及以上）与劳动人口（15~64 岁）之比从 1950 年先下降至 1965 年的 6.1%，比世界平均水平低 2.8 个百分点。从 1965 年开始持续稳定上升，与世界平均水平差距越来越小，直到 2015 年追上并反超 0.4 个百分点，见图 1.3（b）。

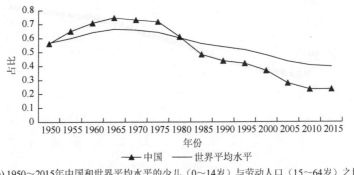

(a) 1950~2015年中国和世界平均水平的少儿（0~14岁）与劳动人口（15~64岁）之比

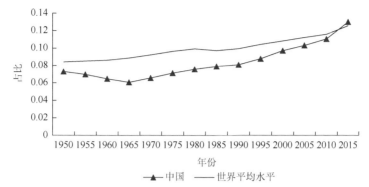

(b) 1950～2015 年中国和世界平均水平的老年人口（65岁及以上）与劳动人口（15～64岁）之比

图 1.3　1950～2015 年中国和世界平均水平的少儿及老年人口与劳动人口之比

　　新中国成立后，由于战争导致人口减少，国家在 1949～1953 年鼓励生育，奖励多生育的家庭。在能多生的情况下女婴逐渐增多，加上原来因战争和贫困对女性的歧视逐步减弱，因而男女性别比从 1950 年的 108（以女性为 100）直线下降为 1970 年的 105.4。由于我国很多农村地区的传宗接代、重男轻女思想严重，在计划生育实施后只能生一至两个孩子的条件下，有些家庭会选择生育男孩，使得男女性别比的下降趋势骤停，1970～2000 年男女性别比维持在 105.4～105.8 范围波动。

　　1950～2015 年我国的男女性别比一直高于 100，一直高于世界平均水平（图 1.4）。虽然世界平均水平的男女性别比从 1950 年的 99.7 一直缓慢上升至 2015 年的 101.8，但不存在男女性别比失衡问题。我国男性多于女性的现象在 1970～2005 年得到一些缓和，但 2010 年开始又高于 106，有轻微上涨趋势。

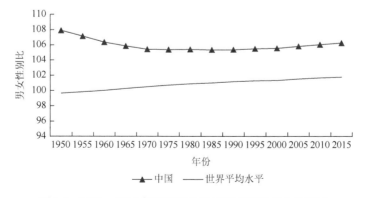

图 1.4　1950～2015 年中国和世界平均水平的男女性别比

我国城镇化发展大致可划分三个阶段（石雅茗，2004），第一是快速起步阶段（1950～1965 年）。1950～1952 年这一时期是新中国成立后的国民经济恢复时期，同时也是人口城市化的恢复发展时期。1953～1957 年是第一个国民经济五年计划时期，国家开始大规模地进行经济发展建设，工业化的启动带动了人口城市化的发展。1958～1960 年因工业"大跃进"带动人口进一步城市化。我国城镇化率从 1950 年的 11.8%线性增长至 1965 的 18.1%。第二是停滞不前阶段（1966～1976 年）。这一特殊时期，中央大力动员全国各城市的知识青年"上山下乡"，以缓解城市的就业压力，其次，许多省区市实行广大干部到农村去"插队落户"的措施等，导致 1966～1976 年城市人口的增长速度明显停滞，低于同时期我国总人口的增长速度，1965～1970 年城镇化率为负增长，从 18.1%下降至 17.4%，1975 年保持 17.4%不变。第三是快速发展阶段（1978～2015 年）。1978 年下半年，随着十一届三中全会的召开，我国的工作重心开始转移到以发展经济为中心的现代化建设轨道上来，我国的人口城市化进程也走上正轨，城镇人口大幅度增长。我国城镇化率从 1980 年开始快速增长，增长速度远高于世界平均水平，并于 2015 年超过世界平均水平，达到 55.61%（图 1.5）。其中，我国的城镇化率在 2011 年底首次突破 50%这个界限，为 51.27%，表明我国已从整体上迈入了城镇型社会的行列。

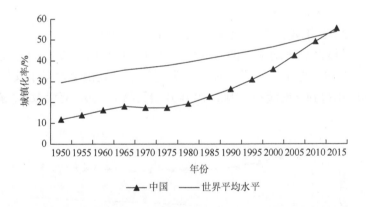

图 1.5　1950～2015 年中国和世界平均水平的城镇化率

1.1.3　生育政策问题研究综述

生育政策的调整对未来人口结构发展影响深远。我国从 1979 年开始实施独生子女政策，即一对夫妇只能生育一个孩子，这一政策使我国达到 13 亿人口的年份推迟四年到来（Wang，2012）。虽然减缓了人口的增长速度，但是也带来诸多问题。比如，少子化问题以及总和生育率持续走低，导致未来劳动力人口减少，老龄化加重等（Basten and Jiang，2014；马小红和孙超，2011）。为改善这些问题，我国在 2013 年 10 月开始实施单独二孩政策。然而该政策实施后遇冷，申请二孩的家庭数远远低于预期，据国家卫生和计划生育委员会数据，原本预计新政策推行后，每年将增加超过 200 万个新生儿，但截至 2014 年 8 月，符合条件的 1100 万对夫妇当中，只有 70 万对提出申请①。在此背景下，我国宣布从 2016 年 1 月 1 日起实行全面放开二孩生育政策。那么调整的生育政策会对我国未来的人口发展产生哪些影响？对改善劳动人口快速减少、老龄化加重问题起到多大作用？全面放开二孩政策仅仅在单独二孩政策实施不到三年的时间就启动了，目前社会和学术界对完全放开生育的呼声也很高（王晓慧，2017），如果中国目前进一步调整生育政策，又会对人口发展产生怎样的长远影响呢？这些问题是我国政府、学术界和广大民众密切关注的问题。

　　本章将比较不同生育政策对我国未来人口发展趋势的影响。由于预测时点的政策背景不同，设置或估计的关键参数总和生育率不同，以往不同学者和机构对我国人口规模的预测结果存在较多差异（王金营和戈艳霞，2016；李桂芝等，2016；United Nations，2015；United Nations，2017），而且近期的研究较少考虑完全放开生育的情况。于是我们在以往的研究成果上，以单独二孩情景作参照，考虑全面放开二孩、完全放开生育的情景下未来全国的人口结构发展趋势，并评估不同生育政策对人口结构的影响，为未来人口规划决策作参考。

　　对于人口预测方法，如果按照分性别、以五岁年龄组别和预测区间超过三十年进行分类，有四种基本的人口预测方法，分别是趋势外推法、结构模型、微观模拟和队列要素法，其他人口预测方法多是这四种方法的组合或推广（Wilson and Rees，2005；Smith et al.，2013）。

　　Wilson（2011）指出，趋势外推法是一种数学函数的应用，将在指定的基本期内观察到的趋势延伸到未来。对历史数据的依赖性很强，利用历史数据外推可能得到与实际情况偏差较大的估计值，造成预测的误差大。结构模型侧重于人口与非人口变量之间的因果关系。具体特点是人口变量的预计值不仅限于历史值还包括其他变量。

　　结构模型的优点是能充分预测和解释未来人口变化，而趋势外推模型不能告诉我们人口变化的原因。结构模型的缺点是需要大量的基础数据、复杂的模型构建技能、复杂的统计程序和复杂的计算机程序。

　　微观模拟用于个人或家庭的预测，与从整个人口层面进行的许多人口统计学

---

① 外媒：中国单独二胎政策效果低于预期 生育观念已改变，http://www.chinadaily.com.cn/interface/toutiao/1140327/cd_18836836.html[2014-10-31]。

模型相反。模型中的个人通常是在某个时间点或特定出生人群中所有年龄人口的样本。该模型需要大量的数据作支撑，甚至目前可获取的数据都不能满足（Bacon and Pennec，2009）。

队列要素法是被广泛作为国家、地区、省份的"黄金标准"人口预测方法。主要优点在于它包括人口组成的变化，并分解年龄来考虑年龄结构的影响，从而使人们可以将人口分年龄性别比与历史数据进行比较。该模型在 1966 年至 1986 年被大量扩展并应用于处理多个相互影响的人群。Rogers（1966，1986）引入多地区模型，并基于队列要素模型将它和生命表结合在一起。此外，他开发了一个参数化版本，并与 Willekens 一起将其应用到多个国家（Rogers，1986）。本章选用队列要素法进行人口结构预测。

1.2　理论模型与参数估计

1.2.1　预测模型①

本章将人的寿命分成五岁年龄组，因为新出生的婴儿死亡率远远高于 1～4 岁的少儿，所以单独考虑，即 0 岁、1～4 岁、5～9 岁、……、90～94 岁、95～99 岁、100 岁及以上共 22 组，依次记作年龄组为 0, 1, 2, …, 21。列要素法主要认为，人口年龄结构是过去人口年龄结构演变的结果，除新生儿外，某一年中年龄组 i 的人口等于上五年中年龄组 $i-1$ 的人口数量减去五年内该年龄组死亡的人口数量。

分年龄别的女性人数计算公式如式（1.1）～式（1.5）所示。

年龄组为 $i=0$，即 0 岁：

$$n_{0,t+5} = s_{0,t+5} p_{t+5} \sum_{i=4}^{10} n_{it} \cdot f_{it} \tag{1.1}$$

年龄组为 $i=1$，即 1～4 岁：

$$n_{1,t+5} = s_{0t} n_{0,t+5} + s_{0t} n_{0,t+5} s_{1t} + s_{0t} n_{0,t+5} s_{1t}^2 + s_{0t} n_{0,t+5} s_{1t}^3 \tag{1.2}$$

年龄组为 $i=2$，即 5～9 岁：

$$n_{2,t+5} = s_{0t} n_{0t} s_{1t}^4 + n_{1t} s_{1t}^5 \tag{1.3}$$

年龄组为 $i=h$，即 $(5h-5)-(5h-1)$ 岁：

---

① 本模型建立于 2019 年，在 2019 年进行了后续数据的预测，其中，2020～2023 年的预测结果与实际出入不大。本书其他章节同此。

$$n_{h,t+5} = n_{h-1,t} s_{h-1,t}^5, \quad h = 3, 4, \cdots, 20 \tag{1.4}$$

年龄组 $i = 21$，即 100 岁及以上：

$$n_{21,t+5} = n_{20,t} s_{20,t}^5 + n_{21,t} s_{21,t}^5 \tag{1.5}$$

男性的计算方法和女性一样。n_{it}，$\tilde{n}_{it}$ 分别为 t 年时年龄组为 i 的女性和男性人数；f_{it} 为 t 年时年龄组为 i 的育龄妇女的生育率；m_{it}，$\tilde{m}_{it}$ 分别为 t 年时年龄组为 i 的女性和男性的死亡率，意味着 $t-5$ 年时年龄组为 $i-1$ 在 $(t-5)$ 年到 t 年的平均死亡率。其中，m_{0t} 为 t 年时新生婴儿在满周岁之前的死亡率；$s_{it} = 1 - m_{it}$，$\tilde{s}_{it} = 1 - \tilde{m}_{it}$ 分别为 t 年时年龄组为 i 的女性和男性 t 年内的存活率；p_t 为 t 年时新出生的婴儿为女性的概率；r_t 为 t 年时男女性别比。

用队列要素法预测未来的人口结构，关键的是生育率和死亡率两个参数的估计（Smith et al., 2013）。

1.2.2　分年龄别生育率和总和生育率

本章在 2010 年人口普查时胎次生育模式的基础上结合育龄妇女的生育意愿来设置生育率。由于一些新生儿没有做户籍登记，人口普查会存在漏报现象，许多专家认为普查中总和生育率被严重低估，Cai（2013）认为 2010 年总和生育率应为 1.5，陈卫和杨胜慧（2014）、翟振武等（2015）推断应该不低于 1.5，在 1.6 左右。于是我们根据总和生育率为 1.5 调整 2010 年分年龄段的生育率。

生育水平的高低取决于人们的生育意愿及公共政策变动对于生育意愿的影响，许多文献资料表明人们的二孩生育意愿为 30% 左右（倪姝囡，2016；全国妇联，2016；李桂芝等，2016；张晓青等，2016）。其中，全国妇联在 2016 年对全国 10 个省市（分别是北京、辽宁、山东、江苏、河南、安徽、广东、广西、陕西、四川）21 个市（区）0～15 岁的上万名儿童父母进行调查，调查内容包括家庭的基本情况，家庭生育二孩的意愿和影响因素，二孩家庭的养育状况、教育观念和教育行为特点，二孩家庭教育面临的问题和指导服务需求等。结果显示，有 53.3% 的一孩家庭没有生育二孩的意愿。参与本次调查的一孩家庭中，有生育二孩意愿的为 20.5%，不想生育二孩的为 53.3%，不确定是否生育二孩的为 26.2%，不想和不确定生育二孩的家庭合计为 79.5%。在发达省份和城市家庭中生育二孩的意愿相对较低。从地区来看，北京和东部省份不想生育二孩的家庭比例最高，已有二孩家庭的比例最低。从家庭类型来看，城市普通家庭已有二孩的比例最低，为 29.6%，不想生育二孩的比例为 55.9%。各类家庭中有两成左右不确定是否生育二孩。

如果目前政府不采取措施从公共政策、经济环境和社会环境等方面创造有利于二孩生育的条件，则人们的二孩生育意愿会较低，假定此情景下生育意愿为20%。如果政府采取强烈措施鼓励生育，促使人们生育水平提高，假定生育意愿为50%。

同时设置符合单独二孩生育政策条件的适龄夫妇整体上的二孩生育意愿为30%。具体计算时再按照分年龄别生育率计算。二孩生育意愿与人们的年龄和生育能力紧密相关，二孩生育旺盛年龄段为25～34岁，在35岁后随年龄增长而明显减弱（张晓青等，2016）。单独二孩生育政策下分年龄别生育率计算公式为

$$B_{nat} = B_{nt1} \cdot \{(1-v_{nat}) + v_{nat} \cdot [(1-w_{nat}) + w_{nat} \cdot 2]\} + \sum_{i=2}^{10} B_{nti} \qquad (1.6)$$

全面放开二孩生育政策下分年龄别生育率计算公式为

$$B_{nbt} = B_{nt1} \cdot [(1-w_{nbt}) + w_{nbt} \cdot 2] + \sum_{i=2}^{10} B_{nti} \qquad (1.7)$$

完全放开生育政策下分年龄别生育率计算公式为

$$B_{nct} = B_{nt1} \cdot [(1-w_{nct}) + w_{nct} \cdot 2.5] + B_{nt2} \cdot 1.25 + \sum_{i=3}^{10} B_{nti} \qquad (1.8)$$

其中，B_{nat}、B_{nbt}、B_{nct}为调整的三种生育政策下第t年第n组的育龄妇女的生育率；B_{nti}为第六次全国人口普查数据的第i孩的生育率；v_{nat}为符合单独二孩条件的育龄妇女的占比；w_{nat}、w_{nbt}、w_{nct}为三种生育政策下第t年第n组中育龄妇女的生育意愿。

根据2014年育龄妇女再生育意愿调查数据和2016年全国6省12市生育调查数据，有再生育意愿的育龄妇女大多都计划在5年内完成二孩生育，尤其年龄较高的育龄妇女（王金营和戈艳霞，2016；靳永爱等，2016）。所以生育政策刚调整的前几年生育行为会累积释放，随后生育水平会开始回落，然后稳定下来。借鉴马小红和侯亚非（2004）、王金营和戈艳霞（2016）对生育率未来发展变化的处理，本章结合实际情况对未来的总和生育率设置一个下降梯度。2016～2020年为生育政策最初响应阶段，保持现有的高中低三种生育意愿的总和生育率。随着时间的推移，实际采取生育行为的群体规模和新增二孩出生人口规模会逐渐减少，假定2021～2025年生育率缓慢降低，每种生育意愿下总和生育率均降低0.2；2026～2050年新的生育政策的响应热度降温下来，并趋于稳定，假定生育行为保持不变，每种生育意愿下总和生育率再下降0.1。2051～2100年生育率保持2050年的水平不变。按照分年龄不同生育意愿得到的生育率详见表1.2。

表 1.2　2017～2100 年三种政策背景下我国总和生育率的设定

时间	情景 1	情景 2	情景 3	情景 4	情景 5	情景 6	情景 7
2016～2020 年	1.53	1.65	1.79	1.93	1.84	1.94	2.15
2021～2025 年	1.50	1.55	1.69	1.83	1.74	1.84	2.05
2026～2100 年	1.50	1.50	1.64	1.78	1.69	1.79	2.00

1.2.3　出生预期寿命和分年龄别死亡率

根据联合国不同水平出生平均预期寿命的平均年增长步长的规律和我国出生预期寿命的历史数据,推算我国人口 2016～2100 年的出生预期寿命(表 1.3)。联合国测算人口出生预期寿命采用的步长法遵循:出生预期寿命越大,每年增长的平均步长越短。2010 年全国男性的出生预期寿命为 72.38 岁,女性为 77.37 岁,2015 年男性的出生预期寿命为 73.64 岁,女性为 79.43 岁。五年内男性每年平均增加 0.252 岁,女性每年平均增加 0.412 岁。借鉴王金营和戈艳霞(2016)对出生预期寿命的估计方法,本章假设 2015～2100 年出生预期寿命是线性增长的,男性 70～75 岁每年增长 0.2 岁,76～80 岁每年增长 0.15 岁,80 岁以上每年增长 0.05 岁,女性 76～80 岁每年增长 0.2 岁,80～85 岁每年增长 0.15 岁,85 岁以上每年增长 0.08 岁。

表 1.3　我国 2010～2100 年的出生预期寿命(单位:岁)

性别	2010 年	2020 年	2030 年	2040 年	2050 年	2060 年	2070 年	2080 年	2090 年	2100 年
男性	72.38	74.64	76.49	77.99	79.49	80.39	80.89	81.39	81.89	82.39
女性	77.37	80.28	81.78	83.28	84.78	85.38	85.88	86.38	86.88	87.38

利用出生预期寿命和生命表的关系估计 2016～2100 年的年龄别死亡率。根据第六次全国人口普查数据中 2010 年五岁年龄组的死亡率,编制 2010 年简略生命表,得到粗估的出生时预期寿命,所有年龄别死亡率同乘倍数调整使得粗估的预期寿命与官方数据一致。在预测未来年龄别死亡率时,考察 2000 年与 2010 年分年龄别的死亡概率的每年平均下降幅度,假定未来分年龄别的死亡概率均以 2000～2010 年同比例变化,以逼近预测的预期寿命为准,得到未来的简略生命表,从而反推出未来的年龄别死亡率(图 1.6 和图 1.7)。

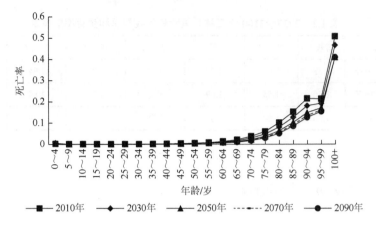

图 1.6　2010 年、2030 年、2050 年、2070 年、2090 年男性分年龄别死亡率

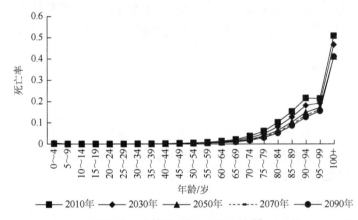

图 1.7　2010 年、2030 年、2050 年、2070 年、2090 年女性分年龄别死亡率

1.3　结果及分析

利用第六次全国人口普查分性别年龄的人口数据,同时根据 2011~2015 年出生人数进行打把式推算得到 2015 年年底分性别年龄的人口数据,以此作为人口预测的基年数据。《中国国际移民报告(2015)》指出,2013 年在中国长期居留的外籍人士约 85 万人,占中国总人口的 0.06%。我国移民的主要目的地为美国、加拿大、澳大利亚、韩国、日本和新加坡等国家,2013 年,获得美国、加拿大、澳大利亚三国永久居留权的中国人数总计为 13.3 万人,占我国总人口的 0.01%(王辉耀等,2015)。相对于我国 13 亿多人的大基数,我们可以忽略不计国际迁移人数,本章假定我国的国际净迁移人口为零。使用队列要素法,利用 1.2 节生育率的设置和死亡率的估计得到 2020~2100 年人口的预测结果。

1.3.1　人口总规模

预测结果显示（图 1.8），无论在哪一种生育政策情境下，我国人口总规模都将很快达到峰值，随后进入持续下降的阶段。在情景 1 中，我国人口规模将在 2026 年达到峰值 14.16 亿人。在情景 3 中，2020 年，人口将比情景 1 多增加 1271 万人，人口高峰将推迟到 2028 年到达，为 14.38 亿人，此后人口规模下降至 2050 年的 13.63 亿人，2100 年的 9.02 亿人。在情景 4 中，人口峰值进一步推迟到 2030 年到达，为 14.55 亿人。情景 6 中，人口峰值也在 2030 年到达，约为 14.58 亿人，然后人口规模缓慢下降到 2050 年的 14.14 亿人，2100 年的 10.57 亿人。与情景 1 相比，情景 3 和情景 6 的人口规模的变化趋势没有根本改变，只是将人口峰值增加了 1.55%、2.97%；但从长期看，将会使 2050 年的人口规模增加 4.20%、8.10%；将 2100 年的人口规模增加了 17.80%、38.09%。

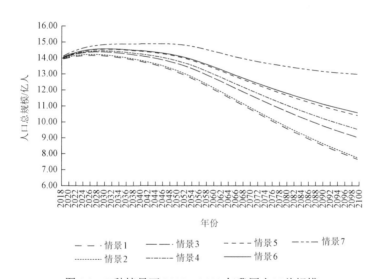

图 1.8　7 种情景下 2018～2100 年我国人口总规模

除了情景 7 之外，人口总数均在达到高峰后持续大幅度下降，并在 2029 年左右开始进入负增长状态。从人口增长率来看，情景 1 下，人口增长率从 2018 年的 9.20‰开始快速下降，并于 2027 年进入负增长，持续下降至 2050 年的-6.53‰，2100 年的-11.09%。2016 年启动全面放开二孩生育政策后，人口增长率将向上提升。以情景 3 为例，人口负增长时点将推迟到 2029 年，2050 年的人口增长率也将提高到-4.91‰，比情景 1 中提高了 1.62 个千分点，2100 年人口增长率提高 2.99 个百分点。同样，若实施完全放开生育政策，人口增长率将大幅度提高。以情景 6 为例，人口负增长时点将推迟到 2031 年，2050 年的人口增长率明显提高到–3.33‰，比情景 1 中提高了 3.20 个千分点，2100 年提高 6.05 个百分点。可见，二孩生育政策和完全放开生育政策都将有效缓解未来人口规模的过快下降。

1.3.2　人口年龄结构的变动趋势

不同的生育政策直接影响每年的新生儿人数，如从 2016 年 1 月 1 日起施行全面放开二孩生育政策，生育政策对人口结构的影响是长期的。为了考察不同生育政策对人口的影响，我们将预测时期延长至 2100 年。为了进一步分析不同生育政策对未来人口年龄结构的长期影响，我们对情景 1～情景 7 下 2020～2100 年我国人口结构进行具体对比分析。图 1.9～图 1.15 分别给出了情景 1～情景 7 下，2020 年、2050 年、2100 年的人口性别、年龄结构金字塔。

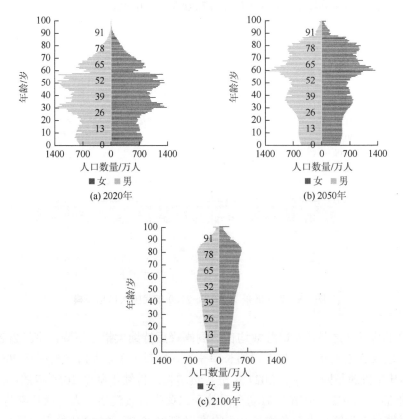

图 1.9　情景 1 下 2020 年、2050 年、2100 年人口金字塔

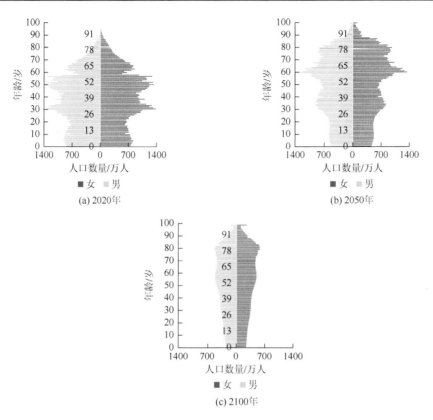

图 1.10　情景 2 下 2020 年、2050 年、2100 年人口金字塔

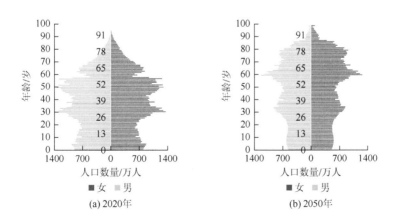

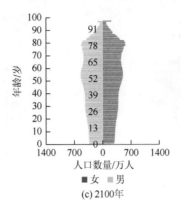

(c) 2100年

图 1.11　情景 3 下 2020 年、2050 年、2100 年人口金字塔

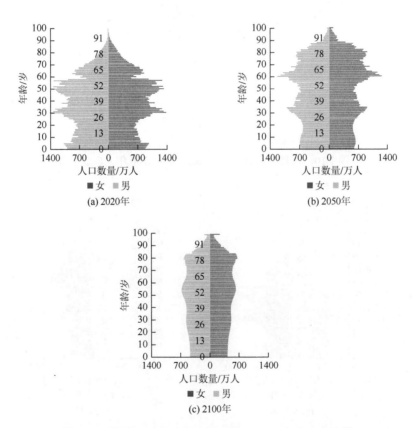

图 1.12　情景 4 下 2020 年、2050 年、2100 年人口金字塔

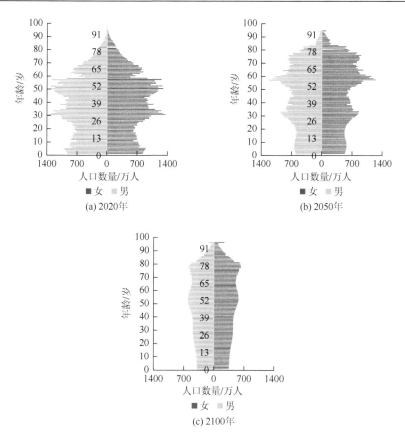

图 1.13　情景 5 下 2020 年、2050 年、2100 年人口金字塔

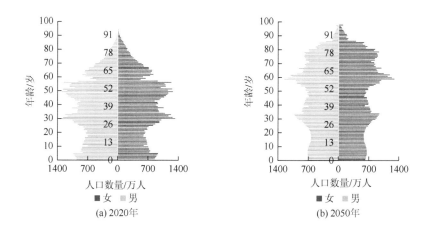

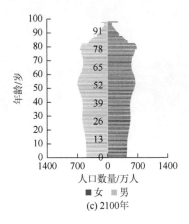

(c) 2100年

图 1.14　情景 6 下 2020 年、2050 年、2100 年人口金字塔

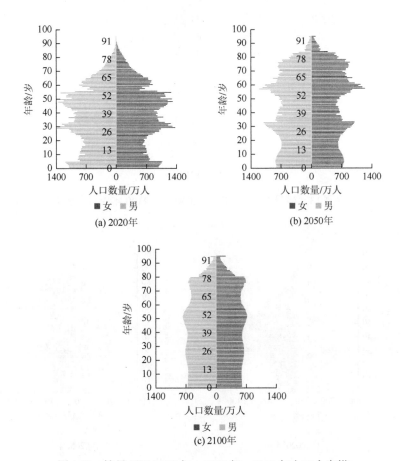

(a) 2020年　　　　　　　　　　　　　　(b) 2050年

(c) 2100年

图 1.15　情景 7 下 2020 年、2050 年、2100 年人口金字塔

在情景 1 下（图 1.9），我国人口金字塔的底部会明显收缩，年轻人口供应不足，人口劳动力规模不断缩小，人口发展呈现不可持续的趋势。0~14 岁少儿的比例将从 2010 年的 16.6%，波动变化到 2020 年的 16.7%，此后持续下降，到 2050 年为 11.8%，一直下降到 2100 年的 10.7%。

在情景 2 下，0~14 岁少儿比例在 2020 年、2050 年、2100 年分别为 17.0%、11.9%、10.6%，平均比情景 1 高了 0.1 个百分点（图 1.10），说明全面放开二孩政策出台后，如果生育意愿较低那么未来人口年龄结构不会发生明显的改善。在情景 3 下，少儿比例下降速度放缓，2020 年、2050 年、2100 年 0~14 岁少儿的比例将从 2010 年的 16.6%，先增加到 17.4%，再减少至 13.1%、12.1%（图 1.11）。与情景 1 相比，2100 年时情景 3 中少儿比例将提高 1.4 个百分点。在情景 4 下（图 1.12），相比情景 3，2020 年、2050 年、2100 年的少儿比例将分别提高 0.4 个百分点、1.2 个百分点、1.5 个百分点。

在情景 5 下，0~14 岁少儿比例在 2020 年、2050 年、2100 年分别为 17.6%、13.6%、12.7%，与情景 2 相比，平均提高 1.5 个百分点（图 1.13）。在情景 6 下，2020 年、2050 年、2100 年少儿比例将从 2010 年的 16.6% 增加到 17.9%，再减少到 14.5%、13.7%（图 1.14）。和情景 3 相比，少儿比例进一步提高，到 2100 年时提高 1.6 个百分点。在情景 7 下（图 1.15），相比情景 6，2020 年、2050 年、2100 年的少儿比例分别提高 0.6 个百分点、1.8 个百分点、2.2 个百分点。

通过情景之间的比较发现，生育意愿的改变对未来少儿比例的影响大于生育政策的改变，如果放开了生育政策，但人们的生育意愿不高的话，这对未来人口结构的改善是非常有限的。2010 年我国仍是处于劳动力比例为 74.5% 的人口红利大国。1978~2001 年，我国严格执行计划生育政策，少生优生的生育观念已深入人心，即使实施了三孩生育政策，主要考虑到现实高昂的抚养成本和严峻的生活压力，很多人也不会选择多生。如果以现在的生育情形发展下去，未来百年内我国的人口结构将呈现倒梯形结构，劳动力人口供应不足，发展不容乐观。

1.3.3　人口抚养比趋势

我国即将步入老龄化社会，出现劳动力人口紧张的局面。社会养老、少儿抚养等社会负担的大小是制约社会能否快速发展的关键因素。我们将从劳动力供给规模和抚养比的变动趋势分析国家未来发展的状况。

情景 1、情景 3、情景 6 下，2055 年之前的全国人口抚养比趋近，只是在 2020~2040 年情景 3 和情景 6 的人口抚养比均略高于情景 1，是因为生育政策调整后，生育行为得到释放，尤其是政策实施的前五年——补偿生育期出生人口规模增长很多，增加的新生儿促使少儿抚养比提高，从而提高人口抚养比。2030 年以后，随着政策调整后新出生队列不断进入劳动年龄阶段，劳动力的供给规模逐渐增长，增加的劳动人口部分逐渐抵消新增的少儿抚养负担，2055 年之后情景 3 和情景 6 下的总抚养比开始低于情景 1。预计情景 3 下的总抚养比将从 2055 年的 82.74%，波动变化至 2100 年的 83.51%，比情景 1 下的低 5.14 个百分点，2055～2100 年总抚养比平均下降 4.23 个百分点。在情景 6 下的总抚养比将从 2055 年的 83.01%先缓慢下降再上升至 2100 年的 79.15%，比情景 1 下的低 9.5 个百分点，在 2055～2100 年总抚养比平均下降 7.13 个百分点。生育政策的调整，虽然在短期内会使总抚养比小幅度增加，但是从长期来看，尤其在 2060 年之后总抚养比会明显下降，将极大改善人口结构，缓解人口负担。生育政策的调整，短期内增加新生儿人数，直接影响总抚养比，长期来看将增加劳动力人口从而缓解我国突出的老龄化问题。

　　生育政策的改变，一开始就体现在少儿抚养比（0～14 岁少儿占 15～64 岁劳动人口的比重）方面。从图 1.16 中可知，情景 1～情景 7 的少儿抚养比均是从 2020 年先上升至 2030 年，然后下降至 2040 年，再次大幅度上升至 2055 年，随后保持稳定。2020～2030 年的上升是直接由生育率提高刺激的结果，而 2040～2055 年的大幅度上升主要是劳动力的减少。无论哪一时期，情景 1 下的少儿抚养比最低，情景 7 下的少儿抚养比最高，其余情景下的少儿抚养比在 2050 年后的递增次序是情景 3、情景 2、情景 6、情景 5、情景 4，说明生育政策和生育意愿对生育率共同作用直接体现在少儿抚养比中。在稳定期 2055～2100 年，情景 7 下的少儿抚养比在 27.8%～30.4%范围波动，情景 6 下在 20.6%～23.7%范围波动，情景 3 下在 18.3%～21.0%范围波动，情景 1 下在 14.7%～16.7%范围波动。

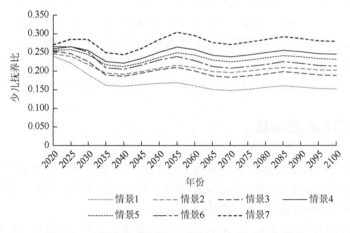

图 1.16　各情景下我国 2020～2100 年的少儿抚养比

中国 2020～2100 年老年抚养比（65 岁及以上占 15～64 岁劳动力的比重）

在 7 种不同情景下的趋势详见图 1.17。无论在哪种情景下，老年抚养比的趋势均是先从 2020 年快速上升至 2060 年，然后在 2060～2070 年保持平稳，随后进入快速上升期，到 2085 年至 2100 年保持略微下降趋势。7 种情景下的老年抚养比从 2040 年开始有明显区分，情景 1 下的老年抚养比最高，并且随着时间的推进，与其他情景之间的差距越来越大，到 2085 年突破 90%，为 91.0%，这是极端严重的老龄化社会。情景 7 下的老年抚养比最低，但在 2050～2100 年的最低点也高达 43.4%，表明我国未来进入严重老龄化社会是不可避免的。其余情景下的老年抚养比在 2050 年后的递增次序是情景 4、情景 5、情景 6、情景 2、情景 3。在 2050～2100 年，情景 7 下的老年抚养比在 43.4%～54.2% 范围波动，情景 6 下在 50%～65.4% 范围波动，情景 3 下在 50.4%～74.0% 范围波动，情景 1 下在 54.3%～92.5% 范围波动。

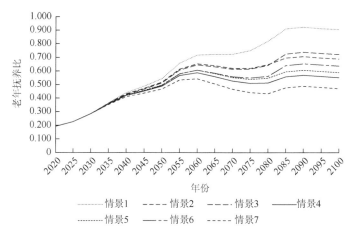

图 1.17　各情景下我国 2020～2100 年老年抚养比

1.3.4　老年人口变化趋势

老龄化问题是未来我国将要面临的极大挑战，图 1.18 重点给出三种生育政策中生育意愿最有可能发生的情景 1、情景 3、情景 6 下老年人口规模和比重的发展趋势，其中情景 1 作为对照基准。

图 1.18 给出了三种生育情景下我国老年人口规模和比重的发展趋势。在三种情景中，我国的老年人口规模均将从 2010 年的 1.19 亿人持续攀高至 2058 年的 4.29 亿人，然后开始缓慢下降，直到 2080 年以后三种情景下的老年人口规模才开始产生明显差异。因为在生育政策调整后，不同数量的新生儿经历 65 年后才对老年人规模产生影响。由于生育对人口老龄化程度的影响存在时滞性，生育政

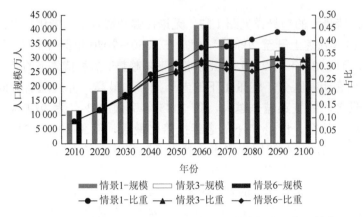

图 1.18　三种情景下 2010～2100 年我国的老年人口发展趋势

策的调整对老年人口规模的影响主要体现在 2080 年及以后。相比情景 1，2081～
2100 年，情景 3 和情景 6 中老年人口规模将分别增加 0.025 亿～0.23 亿人、0.04 亿～
0.44 亿人。虽然多出来的新生儿会造成 2080 年后老年人口增加。但是更多的新生
儿步入劳动力阶段，15～64 岁劳动人口的大幅度提高，促进老年人比重明显降低。
在情景 1 中，我国老龄化率①将在 2046 年突破 30%，此后一直上升，最高达到
2100 年的 44.4%。在情景 3 中，老龄化率也将持续上升，并在 2050 年达到 29.05%，
2050～2100 年在 30%～34% 的范围波动，2100 年达到 33.42%。在情景 6 中，老
龄化率在 2054 年超过 30%，此后一直在 28%～32% 波动。相比情景 1，情景 3 和
情景 6 下的我国老龄化率在 2030 年后已经有明显下降，尤其是 2050 年后情景 3
和情景 6 中的老年人口占比分别平均下降 7.65 个百分点和 10.04 个百分点。说明
无论是全面放开二孩生育政策还是完全放开生育政策都将在一定程度上缓解我国
人口老龄化程度，并且时间越长，缓解效果越明显。与全面放开二孩政策相比，
完全放开生育政策的缓解效果更加明显。

1.4　小　　结

无论在哪一种情境下，未来我国人口都将很快到达人口峰值，随后进入持续
下降阶段。虽然生育政策的调整没有从根本上改变我国人口的发展趋势，但是在
一定程度上缓解了老龄化进程，减轻了劳动人口抚养比，对改善我国未来人口结
构发挥重要作用。

全面放开二孩生育政策使总人口峰值推迟两年，在 2028 年到达 14.38 亿人，

---

① 老龄化率是指 65 岁及以上老年人口占总人口的比例。

略大于单独二孩生育政策。若实施完全放开生育政策，人口峰值将推迟至 2030 年到达 14.58 亿人，比全面放开二孩政策下多 2000 万人。与单独二孩生育政策相比，全面放开二孩政策和完全放开生育政策对我国人口规模的变化趋势没有明显影响，只是使人口峰值分别增加了 1.55%、2.97%；但从长期看，将会使 2050 年的人口规模增加 4.20%、8.10%；使 2100 年的人口规模分别增加 17.80%、38.09%。

与未调整生育政策相比，全面放开二孩生育政策和完全放开生育政策都将使未来我国人口金字塔收缩速度放缓，使 2100 年少儿占比分别提高 4.78 个百分点和 6.43 个百分点。

生育政策的调整，虽然在短期内会小幅度增加人口抚养比，但是从长期来看，将使人口抚养比明显下降，尤其在 2060 年后将极大改善人口结构，缓解抚养负担。与未来调整生育政策相比，全面放开二孩生育政策和完全放开生育政策在 2055～2100 年分别使人口抚养比平均下降约 4.23 个百分点和 7.13 个百分点。

与未调整生育政策相比，2080 年至 2100 年，全面放开二孩生育政策和完全放开生育政策会使老年人口规模分别新增 0.12 亿～0.33 亿人、0.19 亿～0.55 亿人，但所占比重在 2030 年后已经有明显下降，2050～2100 年两种新的生育政策使老年人口比重分别降低 7.65 个百分点和 10.04 个百分点。

以上结果分析说明，无论是全面放开二孩生育政策还是完全放开生育政策都将在一定程度上缓解人口老龄化问题，并且在缓解力度上，完全放开生育政策的效果要突出很多。由于实际生育行为通常会低于生育意愿，本章根据二孩生育意愿估计调整生育政策后的新生人口可能会高估。由此，实际出生人口很可能比本章估计值还要低一些，未来劳动力人口总量的减少速度和老龄化速度可能更快。

1.5　建　　议

调整生育政策将使我国迎来新一轮人口高峰，相较单独二孩生育政策，全面放开二孩生育政策及完全生育政策所带来的高峰更晚、峰值更大，在一定程度上缓解了老龄化进程，改善了人口结构，但不能从根本上改变我国人口的发展趋势。根据本章的研究结果分析，提出四点相关建议。

第一，采取有效措施引导和鼓励生育，必要时可考虑进一步放开生育。虽然二孩政策初显成效，2016 年总和生育率升至 1.7，仍明显低于 2.2 的世代更替水平。建议通过提高对新生儿家庭的补贴、延长新生儿父母产假时间、对全职母亲提供一定的生活补助等方式来引导和鼓励生育。同时，加大医疗、卫生、教育等公共服务资源的投入，可采取政府直接承办、补贴企事业单位或城乡社区开办、购买社会服务等多种方式，建设婴幼儿托育机构，鼓励支持社会组织开展托育服务试点，为家庭提供更多安全优质、就近就便、负担得起的公共托育服务，减轻家庭照料负担。从韩国、日本、中国台湾地区的经验和生育率演变规律来看，生育率进入低增长阶段后很难提升，必要时我国可考虑进一步放开生育。

第二，完善养老福利政策。我国人口老龄化将越加凸显，老年人需要的社会服务具有自身的特点，我们应该未雨绸缪。具体建议包括：加快社区老年服务建设，合理规划社区蓝图，使老年人能就近得到咨询、购物、清扫、陪伴、护理、紧急救护等各种服务，并为老年人学习、文体、康乐、交往等社会活动的需求提供条件；建立全面覆盖的老年医疗健康保险制度，尤其是为农村居民提供养老保障；建立完善的农村养老制度，政府应该出台相关的政策法规，为农村养老制度提供法律保障，明确相关责任和义务；政府应该积极鼓励社会组织和民间力量参与农村养老服务，如发展社区志愿者、设立社会组织等，为老年人提供更多的服务和关爱。

第三，发挥老年人力资源优势的作用。我国实行性别、职业差异的退休年龄制，与那些预期寿命与我国同水准的国家相比，我国的退休年龄普遍较低。具体建议包括：实行弹性退休年龄制度，对于从事教育、科研、医务工作和有其他特殊专长的老年高级专业技术人才，按规定和需要适当延长退休年龄，为他们继续发挥作用创造条件；鼓励和引导老年人从事教育、社会公益、社区服务和老年服务等活动，有条件的老龄工作机构可帮助把退休的专家学者、企业家组织起来，让他们为企业界充当顾问，提供咨询服务，充分发挥老年人力资源优势。

第四，挖掘"第二次人口红利"。面对未来我国劳动力供给数量减少的现状，我国必须从顺应劳动力供给数量变化和合理利用现有劳动力资源角度出发，通过提高素质、优化配置和持续发展三个方面挖掘"第二次人口红利"，使劳动力继续成为我国经济长期增长的重要动力。具体建议包括：要加快提高劳动力素质，通过劳动力本身素质的提高，改善劳动生产率，提升经济增长的质量和效率；优化劳动力要素配置，通过市场手段将高素质的劳动力配置到附加值高和创新驱动的产业中；加大对科技创新的投入，支持创新型企业发展，鼓励创新型人才创业，推动科技与产业深度融合，提高产业竞争力和劳动生产率。要积极促进劳动力可持续发展，要通过增加劳动收入和完善社保体系发挥劳动力消费功能对经济长期发展的作用。

第 2 章　我国劳动力供需分析及测算

2.1　研　究　背　景

劳动力供给不足,将导致劳动生产率降低从而进一步降低经济增长率,该问题一直以来备受世界各国政府高度关注。我国已进入了快速老龄化社会,适龄劳动人口的比重逐步下降,同时劳动者技能与岗位需求不匹配造成的就业结构性矛盾更加突出。尽管近年来我国劳动力市场逐渐完善,持续稳健的经济增长带来大量劳动力需求,但人口结构的变化将长期影响劳动力供给情况,造成劳动力供需关系的转折。基于人口增长趋势,对劳动力供给与需求进行分析并测算供需缺口,对把握我国劳动力供需平衡状况,及时调整就业政策,保持经济稳定增长具有重要意义。

2.1.1　我国人口状况

国家统计局公布的《2015 年国民经济和社会发展统计公报》显示(表 2.1),2015 年年末,我国大陆总人口 137 462 万人,比上年年末增加 680 万人。其中 16~59 周岁人口为 91 096 万人,占总人口的 66.3%,比 2014 年年末减少 487 万人。比 2014 年下降 0.7 个百分点;60 周岁及以上人口 22 200 万人,占总人口的 16.1%,比 2014 年年末增加 958 万人,比 2014 年年末提高 0.6 个百分点;其中,65 周岁及以上人口 14 386 万人,占总人口比重 10.5%,比 2014 年年末增加 631 万人,比 2014 年提高 0.4 个百分点。

表 2.1　2015 年年末人口数及其构成

项目	人口数/万人	比重/%
全国总人口	137 462	100.0
0~15 岁(含不满 16 周岁)	24 166	17.6
16~59 岁(含不满 60 周岁)	91 096	66.3
60 周岁及以上	22 200	16.1
其中:65 周岁及以上	14 386	10.5

资料来源:国家统计局

图 2.1 显示，我国老年人口规模呈现总量扩张、增量提速的发展态势。从 2000 年开始，我国 65 岁及以上的人口所占比重就超过 7%（国际上通常把 65 岁以上人口占总人口比重超过 7% 作为老龄化社会的标准），此后该比例不断从 2003 年的 7.5% 上升至 2015 年的 10.5%。从目前发展态势来看，我国总人口依然呈现增长趋势，但 60 岁及以上和 65 岁及以上的人口都呈现上升趋势，老龄化趋势还将进一步持续。

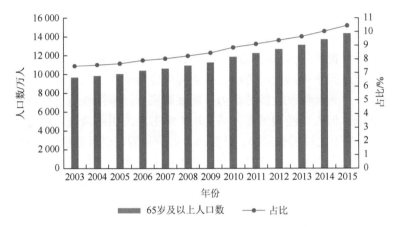

图 2.1　2003～2015 年我国 65 岁及以上人口数量情况

资料来源：国家统计局

我国人口老龄化的进程既受到人口转变的一般因素影响，也受到计划生育的特殊因素影响。人口学理论认为，人口再生产的过程一般会经历以下三个阶段：第一阶段人口发展特征表现为高出生率、高死亡率、低增长率；第二阶段表现为高出生率、低死亡率、高增长率；第三阶段表现为低出生率、低死亡率、低增长率。从数据来看，我国人口发展目前已经进入低出生率、低死亡率、低增长率的"三低"阶段。从我国的实际情况来看，人口转变受到了较其他国家更多的人为因素控制，从而显著加快了人口转变的速度。纵观我国经济社会发展态势，我国人口老龄化进程加快的原因在于两个方面的"夹击效应"：一方面是政府实施的计划生育政策加速了生育率的降低；另一方面是经济社会发展带来的家庭生育决策的改变。

人口规模和年龄结构的转变与劳动力供给有着非常紧密的联系，劳动年龄人口是经济发展过程中最活跃的因素之一，随着人口总量从高出生率阶段的高速增长向低出生率阶段的惯性增长转变，劳动力的供给总量也会发生明显的变化。

2.1.2　我国劳动力供给趋势分析

劳动力供给是指在一定的报酬条件下，劳动者能够且愿意提供劳动的劳动数量。影响劳动力供给的因素主要有两类：第一，劳动年龄人口数量；第二，劳动参与率。关于劳动力供给趋势分析的文献相对较多，如黄任民（2008）认为，我国劳动力供给压力在逐步减缓。王金营和蔺丽莉（2006）估算认为，2016 年从业人口数量将到达巅峰，其后将逐渐减少。本章认为人口数量和人口年龄结构的变化都会影响劳动力供给数量，人口的数量是由人口的自然增长率决定的，而人口的自然增长率 = 出生率−死亡率。改革开放初始，人口出生率高，死亡率低，人口自然增长率高，从 1980 年到 1997 年，人口的自然增长率始终都维持在 10‰以上，我国的总人口数量上升速度较快。1997 年之后，出生率逐渐下降，死亡率却保持着平稳缓慢上升的趋势（图 2.2），而妇女的总和生育率也呈现降低趋势。根据第六次全国人口普查数据，2010 年总和生育率已经降到了 1.18，人口增长速度显著减缓。

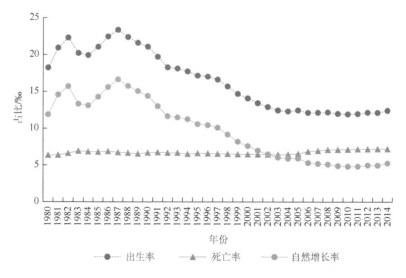

图 2.2　1980～2014 年我国人口出生率、死亡率及自然增长率趋势图

受生育率持续下降等因素影响，2012 年，我国 15～59 岁的劳动年龄人口占总人口的比重首次出现下降，绝对量也较上年减少了 345 万人。2014 年末我国 15～59 岁的劳动年龄人口 91 583 万人，比上年末减少 371 万人，占总人口比重为 67.0%，较上年占比下降 0.6 个百分点。这是我国劳动力人口连续第三年绝对量下降。从

增速的降低到绝对量的下降，劳动力的持续缩水已成为我国在相当长一段时间内面临的"新常态"。

2.1.3　我国劳动力需求趋势分析

劳动力需求是指一个国家或一个社会，在一定时期内愿意而且能够雇佣的劳动力数量。简单地说劳动力需求是指企业和社会再生产所能吸纳的劳动力容量。改革开放以来，我国劳动力市场上一个不容忽视的事实就是就业量不断上升。这一方面是因为我国人口的不断上升，另一方面是因为我国经济长期快速的发展。

劳动力需求总量以国家统计局公布的就业人员指标近似代替。自改革开放以来，劳动力需求总量处于逐渐上升趋势，从 1978 年的 40 152 万人，到 2015 年的 77 451 万人，38 年间共增长 37 299 万人。目前劳动力的需求趋于稳定，2010～2015 年需求量稳定在 7.7 亿人左右。

2.2　中长期内我国劳动力供需的影响因素分析

2.2.1　国内外经济形势

当前全球经济处于低增长、低通胀和高负债大背景下，能源和矿产资源价格暴跌，许多国家的货币对美元大幅贬值，西方主要经济体复苏迹象不明显，对于我国市场的国际需求大大降低。2011～2016 年，我国的出口总额（美元）增速持续走弱，2015 年陷入负增长。由于去产能、去杠杆、去库存的任务艰巨，我国经济仍面临较大的下行压力，将逐步由高速回调至中高速增长平台，必然会给就业增长带来一定的压力。

2.2.2　经济结构和产业结构的深度转型

根据经济发展的一般规律，随着人均收入水平的提高，产业结构由第一产业向第二产业转移，进而向第三产业转移，与此同时，劳动力产业结构也相应变化。由于我国已经进入工业化中后期，经济结构出现了不同以往的转折性变化，如2015 年钢铁生产出现 2000 年以来首次负增长，水泥产量出现 1990 年以来首次负增长，发电量和用电量出现了 1978 年以来首次零增长，第三产业占比首次超过

50%，成为拉动经济增长的第一大产业，消费增速 2000 年以来首次超过投资增速等。这些都是不同以往的重大经济和产业结构变化，未来一段时期内这种结构转型升级还将加快。

经济结构是影响劳动力需求的重要因素。三次产业的比重是衡量经济结构的重要指标，不同的产业对就业的弹性是不同的，根据已有研究和产业经济学理论，第三产业的就业弹性最高，其次是第二产业，第一产业最低，甚至是负值。综合来看，我国经济增长的就业弹性呈现逐渐下降趋势：1980～1990 年就业弹性大多集中在 0.30～0.40 波动，均值为 0.345。1990～2000 年就业弹性在 0.10～0.23 波动，均值为 0.16。2000～2010 年继续降低到 0.10 以下。2011～2015 年稳定在 0.06～0.07。我国正在经历工业化阶段，产业结构的调整也将不断深化。按照发达国家发展经验，第一产业的比重将继续下降，降到 3%～8% 会趋于平稳。第三产业比重将不断上升，到 50%～60% 会趋于稳定。第二产业目前已趋于稳定，比重在 35%～45% 波动。

2.2.3　机器替代人工

随着劳动力成本上升、劳动力数量短缺等问题日渐凸显，大量企业开启了机器换人战略。我国 2014～2015 年连续两年成为世界第一大机器人消费市场。中国机器人产业联盟统计显示，2014 年我国市场工业机器人销售量约 5.7 万台，同比增长 55%，约占全球销量的 1/4。2015 年，我国每万名工人的机器人拥有量为 23 台，德国为 273 台，日本、韩国则超过了 300 台，这说明我国机器换人还有很大的潜力，制造智能化还有很大空间[①]。根据《中国制造 2025》机器人领域的技术路线图，2020 年我国工业机器人年销量达到 15 万台，保有量达到 80 万台；到 2025 年，工业机器人年销量将达 26 万台（年均增速 11.6%），保有量达 180 万台[②]。汽车、电子、食品、化工、塑胶橡胶、金属制品六大制造行业，被看作当前应用工业机器人的主要领域。2019 年有机构预测，在这些领域，未来会有 100 万～200 万台机器人的年需求量，占我国工业机器人市场需求的七成左右。

机器换人的最终发展结果是工人数量会越来越少，一些受教育程度较低的工人则会面临失业的危险。一些受教育程度高的工人可能会被分配到管理岗位，或者到监控室对车间生产进行监控。

---

① 我国每万名工人机器人拥有量为 23 台 不及日韩一成，http://it.people.com.cn/n/2015/1124/c1009-27 849266.html [2015-11-24]。

②《中国制造 2025》机器人领域技术路线图解读，http://www.cameta.org.cn/index.php?m=content&c=index&a= show&catid=233&id=631[2015-12-02]。

2.2.4　"互联网 + "对就业与创新的支撑作用

据波士顿咨询公司测算,我国互联网行业经济规模在 2011~2014 年维持了 50% 的年均复合增长率。行业规模的快速增长带来了新的就业机会,2014 年互联网行业在我国直接创造了约 170 万个就业机会,占 2014 年就业人员总量的 0.22%。2019 年工业互联网带动就业人数 2679.6 万人[1],究其原因,首先是受网民规模的增长和互联网用户消费习惯日渐形成的影响,其次,互联网企业的业务范围由原来传统线上的互联网业务,逐步渗透至线下的行业,而在追求产品、服务的过程中,必然带来职能分工的进一步细化,从而创造了新的就业岗位。在互联网时代,"平台型就业"逐渐浮现,同时"创业式就业"热潮快速发展。2014 年的应届大学毕业生中约有 2.9% 的人选择自主创业,虽然总体占比仍较小,但与 2011 年相比年均复合增长率达到 21.9%。在创业领域方面,移动互联网成为 90 后创业的首选,其中社交、购物、视频为主要创业方向。

互联网经济的发展对就业的影响有利有弊。一方面,互联网经济可以创造新的就业机会、提高就业领域信息通信技术技能要求、促进就业领域的国际化;另一方面,互联网经济的发展也会使一些原本由人工完成的工作被取而代之,带来传统领域的结构性失业[2]。

2.2.5　人口年龄结构变化与生育政策调整

进入 21 世纪以来我国进入了快速老龄化社会,2002 年我国 65 岁及以上的人口占总人口的比例为 7.3%,2014 年这一数值上升至 10.1%。与此同时,我国适龄劳动人口的比重也从 2011 年的 74.4% 开始逐渐下降至 2014 年的 73.4%。劳动年龄人口减少使劳动力成本逐步上升。2009~2012 年,我国劳动力基本工资年增长率分别达到 6.3%、7.5%、9.7% 和 9.8%。为了适应未来人口老龄化的严峻局面,我国的人口政策逐步调整,2013 年 11 月启动实施单独二孩政策。截至 2014 年 5 月 31 日,全国提出再生育申请的"单独"夫妇达到了 27.16 万对,已批准的有 24.13 万对。然而,上述申请的夫妇不足所有符合条件夫妇的 2.5%。由此可见,单独二孩政策在短时间内没能有效改变我国适龄劳动人口下降的趋势。在此背景下,2015 年 10 月我国宣布全面放开二孩政策,2021 年 6 月我国已经开放三孩政策,这些将有利于远期劳动力的供给。

---

① 艾瑞咨询:《2020 年中国网络招聘行业市场发展半年报告》(PPT),http://ec100.cn/detail--6577556.html[2020-11-19]。
② OECD:互联网经济对就业的四大影响,http://intl.ce.cn/specials/zxgjzh/201412/16/t20141216_4131943.shtml [2014-12-16]。

2.3　测算及结果分析

本章界定劳动人口的年龄区间为 15～64 岁。关于劳动力需求的中长期定量预测，可参阅的文献并不多。比较有代表性的文献是首都经济贸易大学的齐明珠（2011）对我国劳动力供需的长期预测。齐明珠分别以经济规模变动、经济结构变动、规模和结构相结合的方式对 2009～2050 年 15～64 岁劳动力需求做了详细的分析和预测。本章采用劳动生产率指数法测算 2016～2025 年我国劳动力的需求量。

2.3.1　我国劳动力需求测算

1. 劳动生产率指数的定义

为避免价格因素的变化对国内生产总值（gross domestic product，GDP）大小的影响，本章采用 GDP 指数来衡量 GDP 的规模变化。用式（2.1）来定义劳动生产率指数 LI，用 LI 来反映我国劳动生产率的变化（1978 年 GDP 指数计为 100）。

$$LI = GDP 指数/Ld \tag{2.1}$$

其中，Ld 为劳动力需求量。

2. 我国劳动生产率的变化趋势及原因分析

随着市场化和国际化程度的加快，以及劳动力成本低廉所带来的比较优势，2000～2007 年我国 LI 持续上升。自 2008 年国际金融危机以来，我国 LI 迅速降低，受一揽子计划应对金融危机刺激政策的影响，2010 年我国 LI 从 2009 年的 0.0885 提升至 0.1023。此后 LI 呈逐步下滑趋势。这意味着我国经济增长主要还是依赖政府主导的规模扩张和投资驱动，创新和技术进步对我国经济增长的贡献较小。然而，资本报酬递减使得这种低质量、低效率的增长模式逐渐进入瓶颈且无以为继，导致了经济增长和劳动生产率增速的放缓。

近年来，我国人工和资源价格、环境保护成本等综合成本的快速上升，使得企业生产成本增加、利润空间被不断挤压，最终导致制造业产值增加值率的下降和劳动生产率增长的放缓。比如，我国工业行业平均利润率持续下滑，从 2010 年的 7.6%，下降到 2011 年的 7.3%，2012 年、2013 年的 6.1%，2014 年又进一步下降到 5.91%。此外，快速上涨的生产要素成本也使我国在资本和要素投入增速未减的情况下，平均资本回报率从 2007 年的 26.7%大幅下降至 2013 年的 14.7%。投资收益的下降打击了社会资本投资实业的积极性，导致资本逃离成本上涨快、利润被削薄的实体经济，进而使得制造业丧失了推动技术创新和产业升级的动力，阻碍了劳动生产率水平的提高。

产能过剩是我国经济增长面临的严峻问题。国内外诸多因素共同作用导致了产能严重过剩，不仅在钢铁、汽车、造船、电解铝等传统重工业十分明显，在碳纤维、光伏、风电、多晶硅等战略性新兴产业中也有所蔓延。这不仅导致市场疲软、产品价格下滑、企业盈利能力大幅降低，还使得以设备形式投入的资本很难转用于其他产业而成为企业的不良资产，致使这些行业工业增加值增长率及经济发展速度减缓，严重影响了 LI 的提升[①]。

基于 2000～2015 年我国 LI 的变化趋势及原因分析，假定 2016～2020 年我国 LI 缓慢增加，但变化率逐步小幅减少。2021～2025 年随着主要工业企业去产能的逐步完成和生产技术的升级改造，LI 的变化率逐步小幅增加（图 2.3）。根据我国经济发展规律以及其他国家的发展经验，本章对影响劳动力需求的主要变量 GDP 做出如下假设：2016～2025 年 GDP 年增速由 6.5%缓速下降至 6.0%。根据式（2.1）可知（1978 年 GDP 指数计为 100）：

$$Ld = GDP \text{ 指数}/LI \tag{2.2}$$

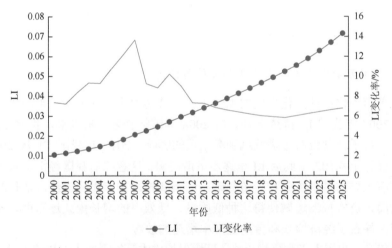

图 2.3　2000～2025 年我国 LI 及其变化率

应用式（2.2）可测算出假定情景下 2016～2025 年我国劳动力需求量 Ld1（图 2.4）。

---

① 中国劳动生产率增速持续减缓原因分析，http://www.agri.cn/zx/jjps/201908/t20190809_6481066.htm[2016-01-22]。

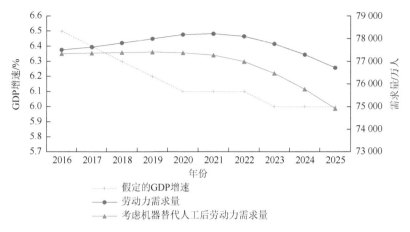

图 2.4　假定情景下 2016～2025 年我国劳动力的需求量

从图 2.3 可以看出，随着经济增长速度的逐渐放缓，2016～2021 年 LI 先小幅减速后小幅加速地增加。图 2.4 显示，劳动力需求量 Ld1 由 2016 年的 7.7341 亿人逐步增加至 2021 年的 7.8214 亿人，然后减少至 2025 年的 7.6720 亿人。为了检验测算的可靠性，将测算结果和齐明珠多种方式综合的预测结果进行对比（表 2.2）。由于 GDP 增速的假定和劳动生产率的假定不同，测算结果必然不同。从对比结果可以看出，2015 年齐明珠的预测结果明显低于国家统计局发布的数据，这也造成其2020 年及 2025 年的预测结果都低于本章的测算结果。但其 2016～2025 年劳动力需求量先增后减的变动趋势与本章的一致。

表 2.2　2016～2025 年劳动力需求量结果对比（单位：万人）

劳动力需求	2015 年	2020 年	2025 年
本章劳动力需求（15～64 岁）	77 451（统计局发布的数据）	78 176	76 720
齐明珠（2011）的劳动力需求（15～64 岁）	74 082	74 709	74 700

如果考虑机器替代人工对劳动力需求量的影响，参考附录：一台机器人可代替多少工人的参考资料，测算出 1 台机器人平均可代替 10 个工人，根据 2.3 节部分机器替代人工的分析，测算出 2016～2025 年我国机器人保有量 RO（表 2.3）。

表 2.3　2016～2025 年我国机器人保有量的测算结果

年份	机器人保有量 RO/万台
2016	16
2017	26
2018	42

续表

年份	机器人保有量 RO/万台
2019	58
2020	80
2021	94
2022	111
2023	130
2024	153
2025	180

应用式（2.3），测算出考虑机器替代人工的情景下，2016~2025 年我国劳动力的需求量（图 2.4）。

$$Ld2 = Ld1 - RO \times 10 \qquad (2.3)$$

从图 2.4 可以看出，考虑机器替代人工后劳动力需求量与未考虑该因素的劳动力需求量的差距逐渐增大，说明 2016~2025 年机器替代人工的数量不断增加，从 2016 年的 160 万人（占 2016 年 Ld1 的 0.2%），逐步增加至 2025 年的 1800 万人（占 2025 年 Ld1 的 2.3%），使得 2025 年我国劳动力的需求量将从 76 720 万人减少至 74 920 万人。

在信息和通信技术逐渐被广泛应用的新经济时代，互联网和计算机正在改变着世界各国的劳动力市场。美国劳工统计局 2019~2029 年的就业预测显示，与 2019 年相比，2029 年美国软件开发人员及软件质量保证分析师和测试人员的就业预计将增长 21.5%，基于网络和应用程序的视频编辑的就业需求增长 21.6%，信息安全分析师的就业增长 31.2%（Dubina et al.，2020）。我国正经历第二产业向第三产业的转型期，互联网与服务业等产业的加速融合，让碎片化的用工需求与供给更为高效、更低成本地匹配，从而引发分工的深化、就业弹性系数的增加，带来奥肯定律的变化。互联网不仅在我国和全球范围内创造更多的就业机会，同时也在优化就业结构。传统岗位云化或消失，新岗位在云端出现，工作与闲暇的界限更加模糊化，新型云工作的时代正伴随互联网技术对产业的全面统治即将到来。

互联网对我国劳动力市场的重塑，会有三个表现。第一个表现是以互联网为代表的服务业显著提升就业弹性系数。中金公司 2014 年"增长保就业的逻辑在改变——新经济的起点系列报告之六"中提到，2001~2007 年平均每一个百分点的 GDP 实际增长拉动 110 万非农就业，而 2008 年以来达到 138 万非农就业。尤其是 2011 年和 2012 年，虽然经济增速从 10.4%下降到 7.7%，但是平均每个百分点的 GDP 增长拉动了 161 万的非农就业。非农就业弹性增加的重要原因是产业结构的变化——以互联网为代表的服务业比重不断提高。第二个表现是一些常规性工作将转移到"云"上，有些职业会悄悄改变、有些职业会悄悄消失。据麦肯锡（McKinsey）统计，2013 年我国的 iGDP（互联网经济占 GDP 比重）指数，已经达到了 4.4%。虽然这个比重不大，但是已经处于全球领先水平，超过美国、德国、法国。而在 2010 年，这个比重是 3.3%，落后于大多数发达国家（麦肯锡全球研究院，2014）。在被研究的全球行业中，到 2025 年互联网新应用带来的生产力提升可减少 1.3%～4.0%的用人需求，相当于 1000 万个到 3100 万个岗位。截至 2009 年，互联网每减少 1 个就业岗位的同时也增加 2.6 个工作机会（McKinsey，2011）。第三个表现是企业对高信息素质员工的需求将越来越大（麦肯锡全球研究院，2014）。伴随着政府认识到互联网经济的价值，给予更多政策扶持，互联网经济将带来更多全新的产品和服务、帮助整个经济更有效地分配资源、提升总需求，这些变化可以创造更多新的工作机会，这些岗位中包括更多高技能职位（麦肯锡全球研究院，2014）。

若单独分离出互联网对就业的影响，基于阿里研究院（2015）中所引用的麦肯锡的测算结果，假定 2016～2025 年互联网新应用带来的生产力提升可减少我国 2%～4.0%的用人需求，每减少 1 个就业岗位的同时也增加 2.6 个工作机会，即互联网新应用带来的生产力提升可使我国的用人需求净增加 3.2%～6.4%。由此测算出 2016～2025 年互联网对我国劳动力需求量的影响（表 2.4）。

表 2.4　2016～2025 年互联网对我国劳动力需求量的影响测算结果

年份	互联网创造的劳动力需求量/万人	互联网减少的劳动力需求量/万人（占我国劳动力需求量比/%）	互联网对我国劳动力需求量的净影响/万人
2016	4030	1550（2.00）	2480
2017	4541	1747（2.25）	2794
2018	5058	1945（2.50）	3113
2019	5576	2145（2.75）	3431
2020	6098	2345（3.00）	3753
2021	6609	2542（3.25）	4067
2022	7107	2733（3.50）	4374
2023	7582	2916（3.75）	4666
2024	7738	2976（3.85）	4762
2025	7979	3069（3.00）	4910

从表 2.4 可以看出，互联网对我国劳动力需求量的增减影响非常显著。2016～2025 年互联网创造的和减少的劳动力需求量都在迅速增加，两者相互作用后的我

国劳动力需求量的净增加量从 2480 万人增加至 4910 万人，占 2025 年我国劳动力需求量的 6.4%。测算结果表明，我们要充分认识互联网经济对就业的明显拉动作用，注重培养更多高技术水平的劳动力，优化就业结构，满足互联网经济对高技能劳动力的需求。

2.3.2　我国劳动力供给量的测算

　　根据第六次全国人口普查调查数据，我国劳动年龄人口分年龄别劳动参与率如图 2.5 所示，可看出 15～19 岁年龄组劳动参与率较低（30.94%）。可能的原因是这个年龄段的劳动人口有相当一部分是在校学习，没有参与劳动。其他各年龄组的劳动参与率都在 60% 以上。25～49 岁劳动参与率均在 80% 以上，50～54 岁劳动参与率也达到 70%。

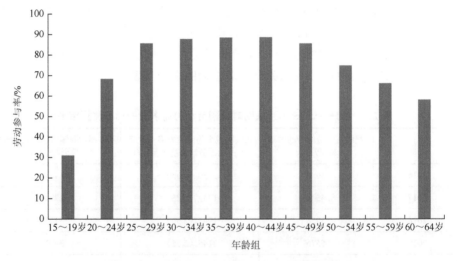

图 2.5　2010 年劳动年龄人口分年龄别劳动参与率

资料来源：根据国家统计局第六次全国人口普查表数据计算

　　对比 2000 年与 2010 年我国年龄别劳动参与率可以看出，无论是 2000 年还是 2010 年，无论是男性还是女性，均呈现两边低中间高的倒 "U" 形曲线模式。2010 年与 2000 年相比，年龄别劳动参与率均有不同程度的下降。其中 15～24 岁年龄组的劳动参与率由 2000 年的 67.92% 下降为 2010 年的 57.38%，这与我国高校扩招密切相关。此外，25～44 岁、45～64 岁年龄组的劳动参与率约下降 3 个百分点（表 2.5）。

表 2.5　2000 年和 2010 年我国年龄别劳动参与率（单位：%）

年龄组	2000 年				2010 年			
	合计	男	女	男–女	合计	男	女	男–女
15～24 岁	67.92	68.04	67.79	0.25	57.38	59.60	55.11	4.49
25～44 岁	92.70	97.86	87.40	10.46	90.19	96.58	83.73	12.85
45～64 岁	75.20	85.34	64.44	20.90	72.70	83.32	61.87	21.45
65 岁及以上	25.06	33.76	17.27	16.49	21.10	44.08	15.11	28.97

资料来源：根据国家统计局第五次、第六次全国人口普查表数据计算

　　从分性别劳动参与率来看，各个年龄段女性的劳动参与率都低于男性的，2000 年至 2010 年，两者的差距变大，尤其是 45～64 岁年龄段，两者的差距在 2000 年和 2010 年分别为 20.90 个百分点和 21.45 个百分点。2010 年，65 岁及以上男性劳动参与率比 2000 年提高了 10.32 个百分点，而该年龄段女性劳动参与率降低了 2.16 个百分点，使得 65 岁及以上男女劳动参与率的差距扩大到 28.97 个百分点（表 2.5）。

　　定量分析表明，劳动年龄人口中 25～44 岁所占比重、普通高校招生数、第三产业增加值占 GDP 比重、GDP 增长率的回归系数显著不为零，也就是对劳动参与率具有显著影响，职工平均工资对劳动参与率的影响不显著。在影响显著的变量中，劳动年龄人口中 25～44 岁所占比重、第三产业增加值占 GDP 比重、GDP 增长率对劳动参与率具有正向影响，普通高校招生数对劳动参与率具有负向影响（表 2.6）。

表 2.6　劳动参与率影响因素的定量分析结果

变量	回归系数和常数项	标准差
劳动年龄人口中 25～44 岁所占比重（对数）	0.504***	0.120
普通高校招生数（对数）	−0.085***	0.025
第三产业增加值占 GDP 比重（对数）	0.222**	0.081
GDP 增长率（对数）	0.053***	0.014
职工平均工资（对数）	0.040	0.020
常数项	1.634	0.361

资料来源：王莹莹和童玉芬（2015）

***表示 $p < 0.001$，**表示 $p < 0.01$

　　回归结果显示，在其他因素保持不变的条件下，劳动年龄人口中 25～44 岁所

占比重每下降 1%，劳动参与率将下降 0.504 个百分点。由于 25～44 岁劳动年龄人口是各年龄组中劳动参与率最高的年龄段，也是人的生命周期中参与经济活动最频繁的时期，该年龄段的人口比重下降必然会导致劳动参与率的降低。回归结果显示，在其他因素保持不变的条件下，普通高校招生数每提高 1%，劳动参与率就会降低 0.085 个百分点。数据显示，2010 年我国普通高校的招生规模与 1990 年（扩招第一年）相比扩大了 314.4%，这将大幅度地降低劳动参与率，但其标准回归系数较小，对劳动参与率的影响小于人口老龄化的作用。回归结果显示，在其他因素保持不变的条件下，GDP 增长率和第三产业增加值占 GDP比重每提高 1%，劳动参与率分别提高 0.053 个百分点和 0.222 个百分点。近年来经济发展速度较快，我国产业结构不断升级，在一定程度上有利于劳动参与率的提高，但是与其他因素相比，这两个因素的作用相对较小，弹性较低，并不能扭转劳动参与率下降的趋势。

世界银行统计数据显示，2011 年，我国 15～64 岁劳动年龄人口的劳动参与率为 80.4%，在有统计数据的 183 个国家或地区中处第 23 位。不过，数据也显示，自 1992 年至 2011 年，我国劳动参与率已经下降了约 4 个百分点，平均每年下降0.2 个百分点。目前，我国 15～64 岁劳动年龄人口总量大约为 10 亿人，劳动参与率下降意味着平均每年有 200 万左右的劳动力退出劳动力市场。在劳动年龄人口不断减少的大背景下，如果未来劳动参与率继续维持下降势头，将加剧劳动年龄人口下降带来的劳动力供给紧张局面。

为了较为准确地测算未来劳动力供给，需要对各年龄组的未来劳动参与率做出估算和必要的假设。15～24 岁是接受高中教育和高等教育的时期，随着公众对教育重要作用认可程度的提高，更多的 15～19 岁、20～24 岁的劳动人口会在学校接受教育。本章假定 2016～2025 年 15～19 岁、20～24 岁的人口的劳动参与率将在 2010 年的基础上每年下降 0.2 个百分点和 0.1 个百分点。50～64 岁劳动年龄人口的劳动参与率的变动比较难以判断。根据发达国家的经验，随着收入水平的提高和社会保障制度的不断完善，相对高龄劳动年龄人口和老年人口的劳动参与率将会降低；但是，根据我国社会经济发展的实际情况，未来社会保障特别是覆盖全部人口的养老保障体系的建立和完善还需要一个较长的时期，相对高龄劳动年龄人口为自己老年退休后的养老保障积累更多，可能更需要延长参加工作的时间以弥补低收入所造成的养老储蓄不足，从而在未来一定时期内劳动参与率还有可能上升。但是，最终较高年龄组的劳动参与率还是要降低，这符合社会发展的一般规律。本章假定 2016～2025 年 50～54 岁、55～59 岁、60～64 岁人口的劳动参与率在 2010 年基础上，每年分别增加 0.22 个百分点、0.20 个百分点和 0.18 个百分点。25～49 岁的劳动参与率相对比较稳定，假定 2016～2025 年该年龄段的劳动参与率保持稳定（表 2.7）。

表 2.7　本章假定的 2016～2025 年我国分年龄组的劳动参与率（单位：%）

年龄组	2016 年	2017 年	2018 年	2019 年	2020 年	2021 年	2022 年	2023 年	2024 年	2025 年
15～19 岁	30.82	30.75	30.69	30.63	30.57	30.51	30.45	30.39	30.33	30.27
20～24 岁	68.21	68.15	68.08	68.01	67.94	67.87	67.81	67.74	67.67	67.60
25～29 岁	85.72	85.72	85.72	85.72	85.72	85.72	85.72	85.72	85.72	85.72
30～34 岁	87.84	87.84	87.84	87.84	87.84	87.84	87.84	87.84	87.84	87.84
35～39 岁	88.57	88.57	88.57	88.57	88.57	88.57	88.57	88.57	88.57	88.57
40～44 岁	88.71	88.71	88.71	88.71	88.71	88.71	88.71	88.71	88.71	88.71
45～49 岁	85.63	85.63	85.63	85.63	85.63	85.63	85.63	85.63	85.63	85.63
50～54 岁	75.16	75.32	75.49	75.66	75.82	75.99	76.16	76.32	76.49	76.66
55～59 岁	66.48	66.61	66.74	66.87	67.01	67.14	67.28	67.41	67.55	67.68
60～64 岁	58.34	58.44	58.55	58.66	58.76	58.87	58.97	59.08	59.18	59.29

应用式（2.4）测算 2016～2025 年我国劳动力供给量 Ls。

$$Ls = \sum_{i=1}^{10} Pa_i \times Wr_i \tag{2.4}$$

其中，Pa_i 为第 i 年龄段的人口数；Wr_i 为第 i 年龄段的劳动参与率。Pa_i 的数据来源是中国科学院预测科学研究中心关于不同总和生育率情景下 2016～2050 年人口规模的预测结果。人口的预测共分为 3 种情景，即总和生育率共分为 3 种情景，分别为 1.4、1.6 和 1.8 的情景。因此，劳动力供给量的测算也在这 3 种情景下进行，结果见表 2.8。

表 2.8　总和生育率分别为 1.4、1.6 和 1.8 的情景下 2016～2025 年我国劳动力供给量的测算结果

年龄组	2016 年	2017 年	2018 年	2019 年	2020 年	2021 年	2022 年	2023 年	2024 年	2025 年
15～19 岁	2 365	2 319	2 253	2 163	2 180	2 167	2 189	2 221	2 302	2 335
20～24 岁	6 694	6 277	5 940	5 651	5 334	5 199	5 103	4 964	4 771	4 813
25～29 岁	10 987	10 854	10 369	10 009	9 438	8 395	7 881	7 466	7 111	6 718
30～34 岁	8 934	9 256	9 575	9 999	10 520	11 226	11 091	10 596	10 229	9 646
35～39 岁	8 604	8 469	8 849	8 860	8 845	8 969	9 292	9 614	10 041	10 565
40～44 岁	10 434	10 061	9 471	9 044	8 756	8 558	8 425	8 804	8 815	8 801
45～49 岁	10 586	10 664	10 917	10 681	10 504	9 972	9 617	9 054	8 647	8 372
50～54 岁	7 835	8 780	8 851	8 838	8 999	9 246	9 336	9 579	9 394	9 259
55～59 岁	5 118	4 743	4 899	5 569	6 194	6 835	7 656	7 717	7 708	7 849
60～64 岁	4 580	4 735	4 835	4 861	4 567	4 367	4 048	4 187	4 766	5 302
总计	76 137	76 158	75 959	75 675	75 337	74 934	74 638	74 202	73 784	73 660

表 2.8 显示，总和生育率分别为 1.4、1.6 和 1.8 的情景下，2016～2025 年我国劳动力供给量的测算结果大体相同。该结果表明，总和生育率的提高并不能改善 2016～2025 年我国劳动力的供给情况，长期内将会出现效果。2017 年，我国 15～64 岁劳动力的供给量达到峰值，此后逐年减少，2023 年下降率最大，为 –0.59%（图 2.6）。

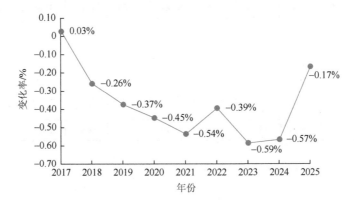

图 2.6　2017～2025 年我国 15～64 岁劳动力供给量的变化率

从劳动力供给的年龄分布来看，图 2.7 显示，2016～2025 年，我国 25～29 岁、45～49 岁劳动力的占比明显减少，50～59 岁劳动力的占比明显增加。

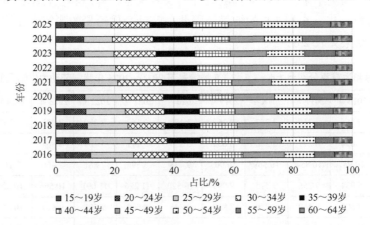

图 2.7　2016～2025 年分年龄组劳动力在 15～64 岁劳动力中的占比变化

2.3.3　我国劳动力供需缺口的测算

在劳动力需求量和供给量的测算基础上，应用式（2.5）测算 2016～2025 年我国劳动力的供需缺口 Lg。测算结果见表 2.9。

$$Lg = Ls - Ld \qquad (2.5)$$

表 2.9　2016～2025 年我国劳动力供需缺口的测算结果

年份	供需缺口 1	供需缺口 2	占比 1	占比 2
2016	−1366	−1206	0.0176	0.0156
2017	−1469	−1209	0.0189	0.0156
2018	−1850	−1430	0.0238	0.0184
2019	−2317	−1737	0.0297	0.0223
2020	−2840	−2040	0.0363	0.0261
2021	−3280	−2339	0.0419	0.0299
2022	−3457	−2351	0.0443	0.0301
2023	−3564	−2263	0.0458	0.0291
2024	−3517	−1987	0.0455	0.0257
2025	−3060	−1260	0.0399	0.0164

注：供需缺口 1 是指未考虑机器替代人工后劳动力的供需缺口，供需缺口 2 是指考虑机器替代人工后劳动力的供需缺口，占比 1 是指供需缺口 1 的绝对值占劳动力需求总量的比例，占比 2 是指供需缺口 2 的绝对值占劳动力需求总量的比例

　　表 2.9 显示，无论考虑机器替代人工的因素与否，2016～2025 年我国劳动力的供给都不能满足需求。在不考虑机器代替人工的情况下，2016～2023 年我国劳动力供需缺口逐步增大，2023 年供需缺口最大为 3564 万人，其绝对值占劳动力需求总量的比例为 4.58%，此后略有减少。

　　在考虑机器代替人工的因素后，随着机器人保有量的增加，对劳动力供需缺口的改善作用逐步增强，供需缺口的峰值仍出现在 2023 年，但峰值明显减少为 2263 万人，此后供需缺口的下降更为迅速，至 2025 年，劳动力供需缺口的绝对值占劳动力需求总量的比例降低为 1.64%，基本回归至 2016 年的水平。

2.4　小　　结

　　本章在分析我国不同年龄组劳动参与率变化规律的基础上，在总和生育率分别为 1.4、1.6 和 1.8 的情景下，测算了 2016～2025 年我国 15～64 岁每 5 岁年龄组劳动力的供给量。该结果表明，总和生育率的提高并不能改善 2016～2025 年我国劳动力的供给情况，长期内将会出现效果。2017 年，我国 15～64 岁劳动力的供给量达到峰值，此后呈减少趋势，2023 年下降率最大，为−0.59%。并将出现高龄化趋势，25～29 岁、45～49 岁劳动力的占比明显减少，50～59 岁劳动力的占比明显增加。

　　无论考虑机器替代人工的因素与否，2016～2025 年我国劳动力的供给都不能满足需求。在不考虑机器代替人工的情况下，2016～2023 年我国劳动力供需缺口逐步增大，2023 年供需缺口最大为 3564 万人，其绝对值占劳动力需求总量的比例为 4.58%，此后略有减少。在考虑机器代替人工的因素后，随着机器人保有量的增加，对劳动力供需缺口的改善作用逐步增强，供需缺口的峰值仍出现在 2023 年，但峰值明显减少为 2263 万人，此后供需缺口的下降更为迅速，至 2025 年，劳动力供需缺口的绝对值占劳动力需求总量的比例降低为 1.64%，基本回归至 2016 年的水平。

2.5　建　　议

　　根据本章的测算与分析，为缓解劳动力供给下降对我国劳动力市场及经济社会发展带来的不良影响，提出如下对策建议。

　　(1) 建议通过减少育儿成本的举措提高生育水平，尤其是提高一孩的生育率。

　　2017 年全面两孩政策效果持续显现，出生人口 1723 万人，特别是二孩出生人数比 2016 年明显增加。但由于一孩出生数量下降较多，2017 年出生率略低于 2016 年的。为促使生育水平提高，从减少育儿成本的角度，主要提出如下措施建议：对孕产妇的带薪产假落实到位；发展社区及企事业单位的优质婴幼儿看护机构；均衡教育资源，取消针对教育部制定的校内学习课程的校外补习机构，减轻孩子父母的教育负担；对一孩与二孩家庭不同程度地减少孩子父母的收入税，对二孩家庭的减税比例更高。

　　(2) 提高我国 45～54 岁的城市和城镇女性的劳动参与率。

　　从历史数据看，2000 年我国 45～49 岁城市女性劳动参与率为 56.8%，同期男性的劳动参与率为 85.9%，两者差值为 29.1%。而 50～54 岁年龄段城市女性的劳动参与率更低，为 33.9%，与男性的差值为 41.4%。在这两个年龄段城镇女性劳动参与率分别比男性低 26.8% 与 35.9%。乡村劳动参与率两者的差距最小，分别为 8.3% 与 12.8%。育儿与养老负担、受教育程度、工资待遇与男性的差距是造成女性劳动参与率低的主要原因。若 2020 年我国 45～49 岁及 50～54 岁的女性劳动参与率仅提高 1 个百分点，女性就业人口将分别增加约 55 万人与 49 万人。

　　建议继续完善我国的育儿与养老机制，如建立优质社区育儿、托儿与养老服务机构，劳动力工作期间需要限时照看的孩子及老人可在社区得到集中看护，需要全时照看的孩子及老人可送至托儿所及养老院；推广弹性工作时间与家庭办公模式；小学生实行弹性放学时间，最后一节课为课外阅读或体育活动时间，家长可根据自己的工作安排在最后一节课期间接走学生。提高 15～24 岁女性的在学率，增强其职业技能和获取高薪酬的能力。通过减税或财政拨款等措施，提高女性就业的福利待遇，并减轻企业雇佣女工的负担。

（3）通过机制体制创新，抢抓机器人红利。

我国已成为全球第一大机器人市场。世界上工业机器人四大行业巨头纷纷抢滩中国。与发达国家机器人相比，国产机器人行业在制度设计与核心竞争力上都还有不小差距。由于缺少顶层设计和区域协调机制，国内的机器人企业已是遍地开花，中低端产能过剩苗头已经出现。这造成我国机器人产业创新资源重复而分散，既缺乏合力又造成巨大浪费的现象。建议从大产业的角度制定我国机器人企业的市场准入标准和测试检验标准，严格控制中低端机器人企业重复无序的建设。

2015 年，我国机器人技术成果现实的转化率只有 3%左右，主要原因是国内机器人研发主体集中在大学与科研院所，受大学与科研院所考核机制的影响，研发成果不是以应用为主，而是以发表论文和获奖为主，造成大多数科研成果不能落到实处。建议针对大学与科研院所应用型的研发项目，制定以实际应用成效为导向的考核机制，切实提高应用型研究成果的转化率。

第3章　我国人口结构变化对经济增长
影响的实证分析

3.1　研　究　背　景

3.1.1　我国人口红利变化

改革开放以来，我国经济实现了快速增长。在此背后，不断增长的劳动力供给和劳动力比重（即人口红利）对经济持续快速增长起到了十分重要的拉动作用。通常"人口红利"，是指一个国家的劳动年龄人口占总人口比重较大，抚养率比较低，为经济发展创造了有利的人口条件。由于劳动年龄人口增长快，占总人口的比重大，形成劳动力供给充足和储蓄率高等有利于经济增长的条件，可以将这个人口优势转化为就业和投资，则给经济增长赢得一个额外的源泉（蔡昉，2011）。

然而随着我国人口结构的变化，目前我国人口红利正逐步消失，老龄化人口比重面临快速提升的风险。据国家统计局发布数据，2016 年全国劳动年龄人口为 90 747 万人，占总人口的比重为 65.6%。全国劳动年龄人口比 2015 年减少了349 万人，这是我国劳动年龄人口自 2012 年连续五年净减少。与此同时，我国人口老龄化程度持续加深。据统计，2016 年 60 周岁及以上人口为 23 086 万人，占总人口的 16.7%，比 2015 年增加了 0.6 个百分点；65 周岁及以上人口为 15 003 万人，占总人口的 10.8%，比 2015 年增加 0.3 个百分点。

随着人口红利的逐年缩水，老龄化人口比重的快速增加，我国经济增长速度面临逐步放缓的压力。中国社会科学院的蔡昉 2016 年曾表示，随着人口红利的逐步消失，我国经济的潜在增长率不可避免地下滑。当前我国人口结构发生了重大变化：劳动力供给持续减少，老龄化程度不断加深，青少年人口比重逐步下滑。人口老龄化是指总人口中年长人口数量增加而导致的老年人口比例相应增长的动态过程。一是指老年人口相对增多，在总人口中所占比例不断上升的过程；二是指社会人口结构呈现老年状态，进入老龄化社会。国际上通常看法是，当一个国家或地区 60 岁以上老年人口占人口总数的 10%，或 65 岁以上老年人口占人口总数的 7%，即意味着这个国家或地区的人口处于老龄化社会。2001 年我国 65 岁及以上人口占总人口的比例达到 7.1%，这标志着我国进入了老龄化社会。根据国家统计局公布的

《2015 年国民经济和社会发展统计公报》, 2015 年我国 65 周岁及以上老龄化人口达 14 386 万人, 老龄化率增至 10.5%, 较 2001 年提升了 3.4% 个百分点。并且, 未来我国存在老龄化程度进一步加剧的趋势。更为严峻的是, 目前我国仍属于中等收入国家, 面临未富先老的风险和挑战。

据第 1 章的预测, 未来我国人口结构仍将面临人口老龄化速度加快、青少年人口比重下降和我国劳动力人口总量进一步下滑等问题。这将对我国未来经济增长和社会发展产生深远的影响。因此, 我国老龄化程度的加深将对我国经济增长产生什么样的影响, 如何有效降低劳动力供给拐点和老龄化对经济社会发展的不利影响, 已经成为近年来学界和政府相关管理部门十分关心的一个重要问题。

3.1.2　人口结构变化与经济增长研究综述

国内外大量学者深入地研究了人口结构、人口老龄化、人口红利等对经济社会的影响。其中, 由于欧洲和日本的人口老龄化是一个比较严重的问题, 大量的国外文献对欧洲和日本的人口老龄化问题进行了集中的研究。国外的研究结果大多数表明人口老龄化对经济增长、储蓄和投资等会产生不利影响 (Faruqee and Muhleisen, 2002; MacKellar and Ermolieva, 2004; Lindh and Malmberg, 1999; 胡鞍钢等, 2012), 只有少数一些学者的研究结果表明人口老龄化会由于提高资本积累和资本从而促进经济增长 (Groezen et al., 2005; Futagami and Nakajima, 2001)。

我国是一个处于经济高速增长中的人口大国, 自我国进入人口老龄化社会以来, 我国的人口老龄化问题受到国内外许多学者的高度关注。很多研究结果表明, 我国在过去的几十年经济的高速增长在很大程度上取决于劳动力的充分供给, 即人口红利。由劳动年龄人口份额比重上升和人口抚养比下降所导致的人口结构变迁对我国经济增长的贡献度处于 1/6～1/3 (龚六堂和谢丹阳, 2004)。随着人口老龄化形势的日益严峻, 我国人口红利正在不断扭转, 在未来数十年时间内, 我国的经济增长将面临人口老龄化和劳动力不足的双重威胁。许多研究表明人口老龄化将会给未来我国的经济增长带来不利影响 (王德文等, 2004; Tyers and Shi, 2007; David et al., 2007)。Cai 和 Wang (2005) 以人口抚养比作为代替性指标, 发现人口红利对我国 1982～2000 年人均 GDP 年平均增长率的贡献是 26.8%。同时该项研究还认为, 大约到 2013 年, 我国人口抚养比会从下降转变为提高, 传统意义上的人口红利就将趋向消失。张继红 (2006) 发现, 性别比、乡村人口比和老年抚养比越大, 人均 GDP 越低, 则表明一个地区的经济受阻。刘家树 (2007) 采取时间序列和计量分析方法, 对 1990 年以来人口结构和人均 GDP 数据, 建模分析我国人口结构和经济增长之间的关系。张翼 (2012) 指出, 老龄化水平的升高已显著增加了老年抚养比, 特别是对那些有大量年轻人口流出的省份来说, 则是常住人口的抚养比在上升，进而导致照料老人负担的加剧。张彬斌（2010）认为，人口老龄化的一个显著后果就是社会适龄劳动人口比重降低，劳动力供给将出现短缺，未来的劳动人口需要通过公共养老金计划或者家庭资助的形式来承担抚养老人的责任。全倩倩等（2011）采取多元回归模型和统计方法分析了人口红利对我国经济的影响，表明人口红利促进了我国经济增长。胡鞍钢等（2012）采取包含人力资本的柯布-道格拉斯生产函数，从索洛增长理论入手，分析人口老龄化和人口增长率对经济增长的影响，理论模型的推理结果表明人口老龄化和人口增长对经济增长均产生不利影响；我国1990～2008年的省级面板数据实证支持理论模型的推断。此外，王阳（2012）对人口结构对经济社会影响的研究进行了综述分析。

　　经济理论中存在一个边际报酬递减规律。根据边际报酬递减定律，资本超过一定点的继续投入，将会面临边际报酬递减的现象。因此，未来推动经济增长，打破资本边际报酬递减规律，有两个途径：一是通过技术进步，提高技术水平来保持经济增长。二是破除劳动力短缺这个制约因素（蔡昉，2011）。因此，本章下面将在生产函数模型中考虑我国人口结构变化，实证分析我国人口结构变化对经济增长的影响。其中，人口老龄化问题是目前及未来我国将面临的一个严峻问题，一方面会减少劳动力供给比例，另一方面会增大养老的消费需求，给我国经济保持较快的发展速度带来挑战。因此在下面实证分析中，将在生产函数中引入老龄化比重，研究人口老龄化对我国经济增长的影响程度。进而根据实证结论，结合我国未来老龄化程度，提出降低我国老龄化对经济增长不利影响、挖掘我国经济增长潜力的部分政策建议。

3.2　带人口结构变化的生产函数模型

　　对于一般的生产函数模型，产出是资本、劳动力和技术水平的函数，形式如式（3.1）所示：

$$Y = A \times F(K, L) \tag{3.1}$$

其中，Y 为产出；K 为资本；L 为劳动力；A 为技术水平。我们采取常用的柯布-道格拉斯生产函数：

$$Y = AK^{\alpha}L^{\beta} \tag{3.2}$$

　　对数变换，可以表示成如下线性回归函数，即

$$\ln(Y) = \ln(A) + \alpha \ln(K) + \beta \ln(L) \tag{3.3}$$

其中，$\ln$ 为自然对数。假设生产函数具有规模报酬不变的性质，有 $\alpha + \beta = 1$，则式（3.3）转换为

$$\ln\left(\frac{Y}{L}\right) = \ln(A) + \alpha \ln\left(\frac{K}{L}\right) \tag{3.4}$$

生产函数模型中考虑人口结构和老龄化等因素对经济产出的影响。我们参考胡鞍钢等（2012）的研究。假设总人口为 N，65 岁及以上人口（老龄化人口）占总人口的比重为 u，0～14 岁人口（代表少儿人口）占总人口比重为 h，则适龄劳动力占总人口比重为 $1-u-h$，适龄劳动力人口为 $N（1-u-h）$。其中，$u+h$ 在一定程度上也反映了抚养人口的比重，又称抚养比。假设劳动力占适龄劳动力的比重为一常数 w，则劳动力为 $L = wN(1-u-h)$。则式（3.1）变为

$$Y = AK^{\alpha}(wN(1-u-h))^{\beta} \tag{3.5}$$

根据式（3.5），在资本投入、技术水平和人口总量不变的情况下，抚养比指标越大，劳动力供给越少，将抑制经济产出水平，因此抚养比对经济产出存在负面影响。进一步，在人口总量和少儿比重相同的情况下，老龄化人口比例 u 越大，劳动力供给 $L = wN（1-u-h）$ 将会减少。由于生产函数中 α 和 β 系数为正，这意味着老龄化加重对经济产出产生负向影响。此外，技术水平 A 对经济产出有正向作用。

与此同时，我们还考虑生产技术水平受科研、教育等因素的影响。理论分析和系列实证研究表明，科技研发投资、教育投资、教育水平等因素一般会提升生产的科技水平和劳动力素质。因此，我们考虑技术水平 A 是随着时间变化的，定义为人均科教投资（科技研发投资和教育投资的和）的函数：

$$\ln(A) = C_0 + \gamma \ln\left(\frac{R}{N(1-u)}\right) \tag{3.6}$$

其中，C_0 为常数项；γ 为系数；R 为科研和教育（科教）总支出；$N(1-u)$ 为适龄劳动力和少儿的人口；$\dfrac{R}{N(1-u)}$ 为适龄劳动力和少儿人口的人均科教支出。人均科教投资水平越高，技术水平往往也越高，因此 γ 应该为正。

最终，建立如下考虑人口增长、人口结构的生产函数模型。

$$\ln(Y) = c + \alpha \ln(K) + \beta \ln(N(1-u)) + \gamma \ln\left(\frac{R}{N(1-u)}\right) \tag{3.7}$$

其中，c、α、β 和 γ 为参数。如果式（3.7）中的 β 系数显著为正，则表明适龄劳动力和少儿的人口对我国经济增长有促进作用，相应的老龄化人口比重负面影响经济增长。另外，如果 γ 系数显著为正，说明科研和教育投入可以提升经济技术水平。

3.3　结果及分析

对我国建立式（3.7）的生产函数模型，实证分析人口结构和人口老龄化对我国经济增长的影响。Y 为我国实际 GDP（亿元），以 1980 年价格计算；K 为我国

全社会固定资产投资完成额（亿元），R 为我国教育经费支出、研究与试验发展经费支出的总额（简称科教，亿元），均以 1980 年价格计算。N 为总人口（亿人），u 为 65 岁及以上人（老龄化人口）占总人口的比重，h 为 0～14 岁人口（代表少儿人口）占总人口比重。数据来源于国家统计局。

　　数据样本期为 1982～2015 年，总计 34 个年度数据。对于人口结构数据 u 和 h 的缺失数据，采取线性差值补齐。教育经费支出数据，1990 年之前存在缺失，考虑到我国教育经费支出相对较为稳定，我们根据我国 GDP 数据和 1990 年教育经费支出在 GDP 的比重推算。

　　首先，我国人口结构走势表明，老龄化程度不断加深，青少年比重持续下滑。1982～2013 年我国人口结构走势图见图 3.1。图 3.1 表明 1982～2010 年我国劳动力人口逐步提升，但是 2010 年后开始下滑。2010 年我国劳动力人口比重最高增至 74.5%，比 1982 年的 61.5% 提升了 13 个百分点。2011 年我国劳动力人口比重微降至 74.4%，2015 年降至 73.13%，较 2010 年下滑了近 1.4 个百分点。与此同时，老龄人口比重逐步上升：1982 年我国老龄人口比重为 4.91%，2001 年比重达到 7.1%，开始超过老龄化社会的水平线，2015 年快速提升至 10.5%。而受计划生育政策的影响，我国青少年人口比重则快速降低：1982 年我国青少年人口比重约为 33.6%，此后持续下滑，2015 年降至 16.4%，比重下滑了一半。我国青少年人口比重的下滑也意味着我国未来劳动力人口比重将持续下滑，老龄化程度进一步加深。

图 3.1　我国人口结构

labor、young、old 依次为我国劳动力人口比重、青少年人口比重和老龄人口比重

　　下面，建立生产模型分析我国人口结构对经济增长的影响。模型估计结果见表 3.1。模型的调整后的 R^2 为 0.9978，说明建立的生产函数模型具有较好的解释效果；模型对应的 F 统计量十分显著，也支持模型具有较好的解释效果。资本弹

性系数 α 为 0.3462，显著为正，说明资本投入对经济有明显促进作用。因此，劳动力弹性系数 β 为 2.3593，显著为正值，说明劳动力供给对经济增长有明显促进效果。劳动力人均教研投入系数 γ 估计值为 0.1444，对应 p 值为 0.0148，在 5%水平上显著为正，说明人均（有效）科教支出可以提升我国经济增长的技术水平，利于经济增长。

表 3.1　生产函数模型估计

变量	系数	标准误	t 统计量	p 值
C	1.2676***	0.2858	4.4354	0.0001
$\ln(K)$	0.3462***	0.0524	6.6066	0.0000
$\ln(L)$	2.3593***	0.2152	10.9625	0.0000
$\ln(\text{TECH}/(\text{RENKOU} \times (\text{LABOR} + \text{YOUNG})))$	0.1444**	0.0558	2.5864	0.0148
R^2	0.9980	AIC		−3.3056
调整后的 R^2	0.9978	施瓦兹准则		−3.1261
F 统计量	5075.4800	Hannan-Quinn 准则		−3.2444
p 值（F 统计量）	0.0000	Durbin-Watson 统计量		0.4503

***表示 1%的显著性水平；**表示 5%的显著性水平

我国生产函数的拟合值和误差走势见图 3.2。图 3.2 显示我国实际 GDP 值与拟合值的走势十分接近，误差相对较小。也说明该生产函数模型可以很好地拟合我国经济增长的走势。

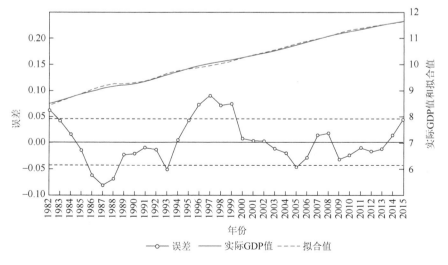

图 3.2　我国实际 GDP 值、拟合值和误差

3.4　小　　结

本章基于柯布-道格拉斯生产函数模型，引入人口老龄化、人口结构因素，分析人口老龄化、人口结构对我国经济的影响。理论分析和我国实证建模表明：①劳动适龄人口比重对我国经济增长有明显正向作用，人口老龄化对我国经济增长有负向影响。②科技和教育（科教）投资有利于提升我国技术水平，对我国经济增长有显著的正向促进作用。实证发现人口结构对于我国老龄化程度不断提高的背景下的未来经济发展具有重要启示。

3.5　建　　议

我国未来面临老龄化程度不断加深、劳动力人口比重下滑的压力。根据我国生产函数模型的测算，劳动力人口比重下滑乃至劳动力总量的下滑，将减少劳动力供给，不利于经济产出的增长。同时，根据中国科学院预测科学研究中心的预测结果，未来我国劳动力人口将会持续下滑，老龄人口将不断增长，老龄化程度将继续提高。因此，未来几十年我国将面临劳动力供给持续减少及不断增长的老龄人口的养老保障支出的双重压力，这给我国未来经济保持平稳较快增长带来压力。为保持我国经济保持平稳较快增长，我们提出的相应政策建议如下所示。

（1）建议继续增加科技研发、教育等支出，加快提升我国技术水平，进而提高单位劳动力的产出水平。

基于我国生产函数模型的实证表明，技术水平显著地影响我国经济产出水平，而科教投入有助于提升我国技术水平。因此，建议增加对科技研发、教育等方面的投入，提升劳动力素质和科技水平；宜加强产学研，提升我国科研转化科技水平的效率。进而，通过提高我国的技术水平，提升单位劳动力的产出水平，降低人口老龄化程度提高、劳动力供给减少对我国经济增长的不利影响。

相较于西方发达国家，目前我国科技研发、教育等支出依然存在进一步提升空间，宜逐步提升这方面的支出。其中，研究与试验发展经费占 GDP 的比重（即研发投入强度），被视为衡量一个国家科技投入水平最为重要的指标。根据国家统计局公布的数据，2016 年，全国共投入研究与试验发展经费 15 676.7 亿元，比上年增加 1506.9 亿元，增长 10.6%，增速较上年提高了 1.7 个百分点；研究与试验发展经费投入强度（与 GDP 之比）达到了 2.11%。虽然我国研发投入强度不断提高，但是较西方发达国家依然存在不少差距。据公开资料显示，全球这一比例最高的经济体分别是以色列（4.4%）、芬兰（3.9%）、韩国（3.7%）、瑞典（3.4%）、日本（3.3%）、美国（2.8%）、德国（2.8%）等国家，这些国家均以高科技产业闻

名世界。我国目前 2.1%的研发投入强度水平距离美国、德国、日本等发达国家 3%
左右的水平，还有较大提升空间。

（2）建议进一步加快实施和完善延迟退休政策，增大劳动力供给。

随着我国老龄化程度的加深，劳动力人口下滑，给劳动力供给带来压力。我
国劳动年龄人口自 2012 年以来，已经连续出现绝对数量下降，我国的人口红利在
逐步消失。可以借鉴日本等国家的经验，多举措推动实施延迟政策，鼓励老龄人
特别是高素质的劳动力参加工作，增加高素质劳动力供给量，减缓老龄化程度加
深导致的劳动力供给的减少。

根据国家统计局发布的《2015 年全国 1%人口抽样调查主要数据公报》，人口
老龄化呈上升趋势。2015 年，0～14 岁人口为 22 696 万人，占 16.52%；15～59 岁
人口为 92 471 万人，占 67.33%；60 岁及以上人口为 22 182 万人，占 16.15%，其
中 65 岁及以上人口为 14 374 万人，占 10.47%。同第六次全国人口普查相比，15～
59 岁人口比重下降 2.81 个百分点，60 岁及以上人口比重上升 2.89 个百分点。
延迟退休政策可以增加劳动力人口，降低我国人口老龄化带来的不利影响。以
2015 年为例，我国 60～64 周岁 7808 万劳动力人口，约占当年人口比重的 5.6%，
如果相当部分比重的老龄人口参加工作，将会明显缓解人口老龄化对劳动力供给
的压力。而根据预测，2030 年我国 60～64 周岁人口比重将达到 8%，如果延迟退
休政策得到很好的推广和实施，将有助于释放更多劳动力。

日本在延迟退休方面存在不少好的经验，具有一定启示。日本已成为世界上
老龄化程度最高的国家。2015 年日本 65 岁及以上老年人口占总人口的比重已经
达到了 26%。日本老龄化现象的加剧，导致了劳动年龄人口逐渐减少，出现了劳
动力严重短缺的局面。日本通过修订老年人就业法案，来延长劳动者退出劳动力
市场的年龄；通过改革养老金制度，调整与退休年龄有关的退休金支付年龄和水
平。通过不断修改相关法律制度，日本稳步地实现了延迟退休年龄制度。这方面，
我国可以借鉴日本的经验和教训，推动延迟退休政策系统稳妥地展开，增大劳动
力供给。

第4章　我国人口结构变化对储蓄率的影响分析

4.1　研究背景

4.1.1　我国人口结构变化及影响

我国人口结构正面临明显的变化，且未来将面临更加严峻的人口结构形势。目前我国人口老龄化程度不断加深，青少年比重急剧下降，我国劳动力人口总量步入拐点。据中国科学院预测科学研究中心的模型测算（刘庆和刘秀丽，2018），在我国人口总和出生率为 1.8 的假设情景下（2014 年我国总和生育率为 1.50%至 1.65%），我国老龄化人口比重将不断提升，2015 年我国 65 岁及以上的老年人口比重约为 10.5%，到 2050 年预计将达到 27.9%；我国劳动年龄人口的绝对数和比重均持续下降，2015 年我国劳动力人口及其比重分别为 10.07 亿人和 72.9%，2050 年预计将降至 8.30 亿人和 58.5%；青少年比重将持续低于 17.5%的水平。模型预测还显示，即使考虑完全放开生育政策，我国未来依然将面临较为严峻的人口老龄化问题。

人口结构变化往往给居民储蓄、消费带来重要的影响，进而影响经济增长。根据生命周期理论，人口年龄结构与储蓄率的关系一般呈倒"U"形：年轻人和老年人储蓄率较低，中年人储蓄率较高。人口年龄结构变化不但影响劳动力供给，而且给储蓄、消费、投资等带来深远影响，进而给经济社会发展带来长远影响。我国老龄化程度的加快，人口抚养比（特别是老龄人口比重）的快速上升，不但减少了劳动力供给量（或比重），而且也将降低储蓄率，增加消费，降低投资增长潜力，给我国未来经济保持健康较快发展带来不利影响。

4.1.2　人口结构变化与储蓄率研究综述

国内外大量学术论文研究人口结构对储蓄、消费的影响关系，这给相关政策制定带来重要参考价值。国外研究方面，Fisher（1930）研究认为个人劳动力的生命周期变化会导致生命不同时期的储蓄决策的改变，年龄结构的改变必定影响居民总储蓄。Leff（1969）利用 74 个国家的数据分析人口结构与储蓄的影响关系，结论显示老年抚养比的作用显著。Harbaugh（2004）通过分析高储蓄可能因素，预测未来我国的储蓄率会随着老龄化程度加剧而迅速下降。Horioka（2006）分析日本的数据发现：2002 年之后，人口老龄化对储蓄率有显著的负效应。然而，舒尔茨（2005）的研究认为年龄结构变化与储蓄间的相关性比预期要小，不同计量方法得出的结论大多相异。

国内也有大量文献研究我国人口结构变化对储蓄、消费的影响，但是研究结论也往往不一。例如，袁志刚和宋铮（2000）用构建的两期叠代模型建模显示，人口老龄化对居民储蓄有正向影响。Horioka（2006）利用我国省际面板数据，分析表明人口抚养比和储蓄率没有显著的关系。郑长德（2007）基于生命周期理论对我国省际面板数据进行建模，发现：少儿抚养比与居民储蓄率负相关，老年抚养比对储蓄率的影响则不尽相同。李文星等（2008）采用动态面板广义矩估计法，发现少儿抚养比对消费率具有显著的负影响，但老年抚养比的作用不显著。孙奎立和刘庚常（2009）研究认为，长期来看不确定性和刚性约束等会使老年人趋向于保守消费，导致储蓄增加，而短期不会显现。王森（2010）建立 VAR（vector autoregression，向量自回归）模型和协整分析 1979～2009 年我国人口老龄化对居民储蓄率的影响，发现：在对居民储蓄率的影响因素中，我国人口老龄化约占 1%，远远低于经济增长率的 25% 和通货膨胀率的 10%。李魁（2010）研究表明老年抚养比对储蓄存在不显著的正影响。史晓丹（2013）基于生命周期理论研究我国2006～2011 年的省区市面板数据，发现老年抚养比与储蓄率负相关。梁斯（2014）建立 PVAR（panel vector autoregression，面板向量自回归）模型来研究人口结构变化、储蓄率与地区经济增长的关系，发现地区间的差异导致人口结构对经济增长与收入的影响是不同的，人口结构的变化是首先通过对储蓄率产生影响，进而影响经济增长。张现苓（2014）利用国内 30 个省区市地区的面板数据，也发现我国老年抚养比与居民储蓄之间存在显著的负相关关系。贾爽（2014）分析表明目前我国人口老龄化对高储蓄产生消极影响。马洪涛和张秋（2015）采取分段滚动建模多元回归方法分析了我国人口老龄化与居民储蓄的关系，发现 1997～2006 年可能是一个过渡时期，此前老年抚养比对居民储蓄存在显著正向的影响，此后这种影响转为不显著，预测人口老龄化与居民储蓄在未来较长一段时间内都不会存在显著的相关关系。

目前关于我国人口结构对储蓄影响的研究结论并不一致，为此我们将采取多种计量方法进行综合系统研究，以期得到更为全面合理的结论。具体地，将采取 Granger（格兰杰）因果关系检验、ARMA-X[①]、协整理论等计量方法，综合分析我国人口结构变化对储蓄率的影响；建模研究我国劳动力、青少年和老龄人口等

---

① ARMA 表示 autoregressive moving average model，自回归滑动平均模型。

不同人口比重变化对储蓄率的影响程度及其差异，并采取协整理论研究它们之间的长期和短期影响关系。最后，提出相应的政策建议。

4.2　模　　　型

实证中，将采取 Granger 因果关系检验、ARMA-X 模型、协整理论和向量误差修正模型（vector error correction model，VECM）进行量化建模分析。

4.2.1　Granger 因果关系检验

Granger（格兰杰）提出了一种检验变量之间的因果关系的方法，即 Granger 因果关系检验。该方法用于分析经济变量之间的因果关系。在时间序列情形下，两个经济变量 X、Y 之间的 Granger 因果关系定义为：若在包含了变量 X、Y 的过去信息的条件下，对变量 Y 的预测效果要优于只单独由 Y 的过去信息对 Y 进行的预测效果，即变量 X 有助于解释变量 Y 的将来变化，则认为变量 X 是引致变量 Y 的 Granger 原因。

Granger 因果关系检验假设了有关 y 和 x 每一变量的预测的信息全部包含在这些变量的时间序列之中。Granger 因果关系检验估计式（4.1）和式（4.2）的回归方程：

$$y_t = \sum_{i=1}^{q} \alpha_i x_{t-i} + \sum_{j=1}^{q} \beta_j y_{t-j} + u_{1,t} \tag{4.1}$$

$$x_t = \sum_{i=1}^{s} \lambda_i x_{t-i} + \sum_{j=1}^{s} \delta_j y_{t-j} + u_{2,t} \tag{4.2}$$

对于 y_t、x_t 两个变量，α_i、β_j、λ_i、δ_j 为回归系数，$u_{1,t}$、$u_{2,t}$ 分别为两个方程的误差项。通过对式（4.1）和式（4.2）进行假设检验，对式（4.1）的假设为 H0：$\alpha_1 = \alpha_2 = \cdots = \alpha_q = 0$，对式（4.2）的假设为 H0：$\delta_1 = \delta_2 = \cdots = \delta_s = 0$，进而构造 F 统计量。如果 F 统计量是显著的，则拒绝不存在 Granger 因果关系的原假设。

4.2.2　ARMA-X 模型

ARMA-X 模型是带解释变量 X 的 ARMA 模型。该模型综合了多元回归模型和 ARMA 模型的优点，可以消除序列自相关性对解释变量回归系数的影响，以期得到更为准确的结论。为考虑解释变量的滞后影响，在 ARMA-X 模型中允许解释变量的滞后项。对于解释变量的滞后阶数的选取，将根据其与被解释变量 y 之间的交叉相关系数来确定。模型形式为

$$y_t = c + \alpha_1 y_{t-1} + \cdots + \alpha_p y_{t-p} + \beta_1 \varepsilon_{t-1} + \cdots + \beta_q \varepsilon_{t-q} + \varepsilon + \gamma_s x_{t-s} \qquad (4.3)$$

其中，ε_t 为模型误差；x_{t-s} 为解释变量 x_t 滞后 s 期的值；系数 γ 反映了 x_{t-s} 的影响程度。

4.2.3　协整理论和向量误差修正模型

协整是指若两个或多个非平稳的变量序列，其某个线性组合后的序列呈平稳性。协整理论是 Engle（恩格尔）和 Granger 在 1987 年首先提出来的，用于研究非平稳序列之间的长期和短期影响关系。他们提出了 E-G 两步检验法，以及误差修正模型（error correction model，ECM）。后续，Johansen（1988）提出的一种以 VAR 模型为基础的检验回归系数的协整检验，Johansen 和 Juselius（1990）对 Johansen 协整检验进行完善，对多变量进行协整检验具有较好的检验功效，成为目前常用的 Johansen 协整检验方法。

协整理论的作用在于正确地解释了经济现象和预测现象，将影响变化的因素有效地分解成长期静态关系和短期动态关系。其中，格兰杰定理证明了协整关系与误差修正模型之间的关系，指出若干个一阶非平稳经济变量间若存在协整关系，那么这些变量一定存在误差修正模型表达式，反之也成立。

对于协整系统的建模研究，目前常用的是 VECM。VECM 的具体形式为

$$\Delta y_t = \beta_0 + \sum_{i=0}^{q} \delta_i \Delta z_{t-i} + \sum_{i=0}^{p} \gamma_i \Delta y_{t-i} + \alpha \text{VECM}_{t-1} + \varepsilon_t$$
$$\varepsilon_t \sim N(0, \sigma^2) \qquad (4.4)$$

其中，y_t 为内生变量；VECM_{t-1} 为相应向量建立协整关系后的误差修正项。

4.3　实　证　结　论

4.3.1　数据

我们选取我国储蓄率，以及劳动力人口、青少年和老龄人口比重三个反映我国人口结构变化的变量。建模的样本为 1982～2013 年的年度数据。数据来源于新浪财经和 Wind 数据库。其中，参照 IMF（International Monetary Fund，国际货币基金组织）等国际机构的分析，计算我国储蓄率（save）的公式[①]为

我国储蓄率 = 我国国内总储蓄/我国 GNP

---

① GNP 表示 gross national product，国民产生总值。

该数据来源于新浪财经[①]。人口结构数据来源于 Wind 数据库。定义劳动力人口比重为我国 15～64 岁的劳动力人口占总人口的比例，类似地，青少年人口比重和老龄人口比重分别是我国总人口中 0～14 岁人口和 65 岁及以上人口的比例。定义非劳动力人口比重（raise）为

$$raise = old + young$$

非劳动力人口比重为青少年人口比重和老龄人口比重之和，是我国人口结构中需要抚养的人口比重，反映了我国的人口抚养负担程度。其值越高，说明社会人口需要负担的抚养程度越高，消费需求越大，进而会抑制社会投资。

1982～2013 年我国人口结构走势见图 4.1。图 4.1 表明：我国老龄化程度加快，青少年人口比重明显下滑，且劳动力人口比重开始下滑。①我国劳动力人口比重整体呈现稳步增长走势，不过后几年出现小幅下滑。1982 年我国劳动力人口比重为 61.5%，2010 年达到最高值 74.5%，2013 年为 73.9%，较 2010 年小幅下滑 0.6 个百分点。②我国青少年人口比重快速下降。1982 年为 33.6%，2013 年降至 16.4%，下降了 17.2 个百分点。③我国老龄化程度加快，老龄人口比重逐步升高。1982 年老龄人口占比仅为 4.9%，2013 年增至 9.7%，较 1982 年提升了 4.8 个百分点。

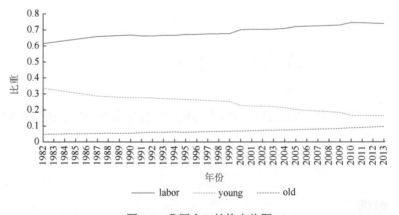

图 4.1　我国人口结构走势图

我国储蓄率的走势见图 4.2。图 4.2 表明，1980～2013 年我国储蓄率基本呈现增长趋势，并于 2006～2013 年稳居 50% 线以上，远高于目前国际平均的 20%～30% 水平。1980 年我国储蓄率为 34.8%，到 1995 年震荡升至 44.3%，2000 年明显回落至 38.2%，此后快速提高，2006 年后一直高于 50%，2009 年最高达到 52.6%。相较而言，国际上一般国家的储蓄率水平在 20%～30%，说明我国储蓄率水平较高。

① 资料来源：http://finance.sina.com.cn/worldmac/indicator_NY.GDS.TOTL.CD.shtml[2023-02-10]。

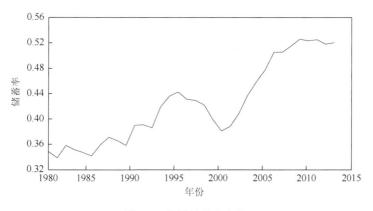

图 4.2　我国储蓄率走势

4.3.2　ADF 单位根检验

表 4.1 为我国劳动力人口比重、青少年人口比重、老龄人口比重以及储蓄率的 ADF（augmented Dickey-Fuller，增广迪基-富勒）检验。ADF 检验表明，4 个序列均为单位根过程，而相应的一阶差分序列是平稳序列，因此这些序列均为一阶单整序列。例如，劳动力人口比重（labor）的 ADF 统计量的 p 值为 0.5144，在 5%水平上不显著，表明其为单位根序列；一阶差分序列 dlabor 对应 ADF 统计量的 p 值为 0.0006，是显著的，说明其为平稳序列。类似的分析表明，young、old 和 save 序列均为一阶单整序列。

表 4.1　我国人口结构和储蓄率的 ADF 检验

序列	t 值	p 值
labor	−1.511 919	0.514 4
dlabor	−4.790 348	0.000 6[***]
young	−0.874 851	0.782 7
dyoung	−4.888 005	0.000 4[***]
old	2.931 473	1.000 0
dold	−4.869 542	0.000 5[***]
save	−0.843 420	0.792 8
dsave	−4.208 380	0.002 4[***]

注：dX 表示序列 X 的一阶差分，如 dlabor 表示劳动力人口比重序列 labor 的一阶差分后序列
***表示 1%的显著性水平

单位根过程在回归建模时容易产生伪回归问题。因此，下面建模分析时，将采取协整理论分析单位根过程，或者对差分后平稳序列进行建模研究。

4.3.3　Granger 因果关系检验

Granger 因果关系检验（表 4.2）表明：我国储蓄率与各人口结构变量之间均不存在显著的 Granger 因果关系。首先，我国储蓄率与劳动力人口比重之间不存在显著的 Granger 因果关系，相应的 Granger 检验统计量的 p 值分别为 0.5757、0.6408，均大于 10%，因此统计量在 10%水平上不显著。类似地，储蓄率与老龄人口比重、青少年人口比重、非劳动力人口比重之间也不存在显著的 Granger 因果关系。

表 4.2　储蓄率与劳动力人口比重、抚养比的 Granger 因果关系检验

原假设	观测值	F 统计量	p 值
dlabor 不是 dsave 的 Granger 原因	28	0.677 26	0.575 7
dsave 不是 dlabor 的 Granger 原因		0.570 21	0.640 8
dold 不是 dsave 的 Granger 原因		0.102 60	0.957 6
dsave 不是 dold 的 Granger 原因		1.372 12	0.278 7
dyoung 不是 dsave 的 Granger 原因		0.863 89	0.475 2
dsave 不是 dyoung 的 Granger 原因		0.339 39	0.797 0
draise 不是 dsave 的 Granger 原因		0.663 77	0.583 6
dsave 不是 draise 的 Granger 原因		0.553 78	0.651 3

注：滞后阶数为 3 阶，其他滞后阶数显示不存在显著 Granger 因果关系

这些变量间不存在 Granger 因果关系的原因：一方面，可能检验采取的 F 统计量侧重于分析其他时序对被解释变量未来值的预测效果，但是储蓄率的变化具有较强的持续性，有可能自身滞后信息就可解释很大部分波动，加入人口结构变量也不能大幅提升其预测效果；另一方面，可能是数据过短，样本期只有 32 个年度数据，使得 Granger 因果关系检验统计量的检验功效降低。为了更精确地刻画人口结构对储蓄率的影响，下面采取 ARMA-X 模型和协整理论进行研究。

4.3.4　ARMA-X回归分析

建立 ARMA-X 模型实证分析我国人口结构对储蓄率的影响。我国储蓄率的一阶差分序列（dsave）作为被解释变量，劳动力、青少年和老龄人口比重等人口结构变量的一阶差分序列作为解释变量，并在建模中考虑序列的自相关性的影响。

　　首先，对 dsave 序列建立 ARMA 模型，分析其自相关性质。根据序列的样本自相关函数（autocorrelation function，ACF）和偏自相关函数（partial autocorrelation function，PACF），初步选取 ARMA 模型的滞后阶数，并根据模型参数估计和拟合效果选取最优的模型。最终建立的模型为 MA（6）模型，参数估计见表 4.3。模型调整后的 R^2 达到 0.480 995，F 统计量十分显著，说明 MA（6）模型可以很好地刻画我国储蓄率的变化。其中，MA（6）的系数显著地为负，说明我国储蓄率变化具有很强的自相关性，且存在一定的均值回复效应。这也侧面地说明，前面的 Granger 因果关系检验结果很有可能受到序列强自相关性的影响，无法检验出我国人口结构变化对储蓄率变化的影响。另外，由于序列强自相关性的存在，多元回归模型的参数估计值将会受到影响，因此 ARMA-X 模型比经典的多元回归模型更为适宜。

表 4.3　我国储蓄率一阶差分序列的 ARMA 模型

变量	系数	标准误差	t 统计量	p 值
C	0.006 069	0.001 116	5.438 060	0.000 000
MA(6)	−0.888 839	0.044 032	−20.186 360	0.000 000
R^2	0.497 214			
调整后的 R^2	0.480 995			
F 统计量	30.656 450			
p 值（F 统计量）	0.000 005			
AIC	−6.205 284			
施瓦兹准则	−6.114 587			
Hannan-Quinn 准则	−6.174 767			
Durbin-Watson 统计量	1.569 135			

　　然后，回归分析我国劳动力人口比重变化对储蓄率的影响。根据 dlabor 和 dsave 的样本互相关函数（cross-correlation function），选取 dlabor 滞后 3 阶和 7 阶变量，并根据模型参数选取 AR（1）和 MA（6）。模型的参数估计结果见表 4.4。模型调整后的 R^2 达到了 0.779 058，较 ARMA 模型（表 4.3）的 0.480 995 有了明显提高，大约提高了 0.298 的解释力度。F 统计量也显示模型显著优于不考虑这些解释变量的情景。图 4.3 为我国劳动力人口比重对储蓄率的回归模型的拟合值和误差。图 4.3 说明，该模型具有较好的拟合效果，能够较好地拟合我国储蓄率变化情况。特别是 2010~2013 年以来，拟合值与实际值走势十分接近。

表 4.4　我国劳动力人口比重对储蓄率影响的回归模型

变量	系数	标准误差	t 统计量	p 值
C	0.005 393	0.005 818	0.926 975	0.3662
dlabor（−3）	0.672 228*	0.360 279	1.865 852	0.0784
dlabor（−7）	−0.795 123***	0.206 802	−3.844 852	0.0012
AR（1）	0.658 186	0.171 205	3.844 424	0.0012
MA（6）	−0.952 403	0.033 813	−28.166 410	0.000 0
R^2	0.819 229			
调整后的 R^2	0.779 058			
F 统计量	20.393 420			
p 值（F 统计量）	0.000 002			
AIC	−6.894 465			
施瓦兹准则	−6.647 618			
Hannan-Quinn 准则	−6.832 384			
Durbin-Watson 统计量	1.752 830			

*、***表示 10%、1%的显著性水平

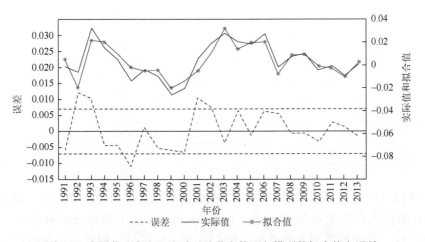

图 4.3　我国劳动力人口比重对储蓄率的回归模型的拟合值和误差

　　根据 dlabor 滞后变量的系数，dlabor（−3）的系数在 10%水平上显著为正，不过 dlabor（−7）的系数在 1%水平上显著为负值；此外，尝试了建模分析同期影响，但是 dlabor 的系数不显著，说明其同期影响不显著。因此，我国劳动力比重变化对储蓄率的影响较为复杂：短期内会提升储蓄率水平，但是在更长时间上会对储蓄率产生一定的负面影响。这可能是因为增加的劳动力参加工作，短期内将

增加储蓄，但是随着年龄增长，劳动力人口结婚的比例不断增加，增加了住房、抚养儿童、老人等方面的消费支出，抑制了其储蓄能力。

另外，建模分析我国非劳动力人口比重（draise）对储蓄率的影响。模型选取原则与前面相同。最后选取模型的估计值见表 4.5。该模型也具有较好的拟合效果，调整后的 R^2 达到了 0.569 835，也远高于 ARMA 模型的拟合效果。draise（−12）的系数为 0.765 792，在 10%水平上显著异于 0，说明非劳动力人口比重在较长时间上将对储蓄率产生一定的正向影响，即社会抚养比例的提高会在一定程度上刺激居民增加未来的储蓄，提升了储蓄率水平。不过，该模型的解释效果不如表 4.4 中的模型，图 4.4 也显示该模型的拟合效果要差一些。这有可能是非劳动力人口中青少年人口和老龄人口对储蓄率的影响不同所致。

表 4.5　我国非劳动力人口比重对储蓄率影响的回归模型

变量	系数	标准误差	t 统计量	p 值
C	0.008 831	0.002 936	3.007 803	0.008 8
draise（−12）	0.765 792*	0.410 558	1.865 249	0.081 8
MA（1）	0.418 117	0.149 665	2.793 678	0.013 6
MA（6）	−0.581 523	0.138 717	−4.192 151	0.000 8
R^2	0.641 529			
调整后的 R^2	0.569 835			
F 统计量	8.948 121			
p 值（F 统计量）	0.001 220			
AIC	−6.269 639			
施瓦兹准则	−6.070 810			
Hannan-Quinn 准则	−6.235 989			
Durbin-Watson 统计量	1.582 782			

*表示 10%的显著性水平

因此，下面我们区别研究青少年人口和老龄人口比重变化对储蓄率的影响。类似前面的建模过程，选择最优的模型。最终建立的模型见表 4.6～表 4.8。根据表 4.6，dyoung（−7）的系数为 0.535 058，在 10%水平上显著为正，表明青少年人口比重变化将提高我国的储蓄率水平。而表 4.7 显示，dold（−8）的系数为−2.975 959，在 10%水平上显著为负，说明老龄人口比重变化对我国储蓄率变化有负向的影响。表 4.8 为青少年人口和老龄人口比重变化作为解释变量的 ARMA-X 模型，dyoung（−7）和 dold（−8）的系数的方向未发生改变，只是系数显著性水平明显提高，均在 1%水平上显著，侧面验证我们结论的稳健性。根据系数方向，青少年人口比重和老龄人口比重对我国储蓄率变化的影响是不同的：青少年人口比重提升会提高未来我国的储蓄率；与之相反的，老龄人口比重的提升将抑制未来我国的储蓄率。这可能是因为，居民要增加未来的储蓄，用于满足不断增长的抚养青少年的费用；而为养老准备的储蓄部分，则被老龄人口养老而消费，显示为负向的影响。另外，表 4.8 模型的调整后的 R^2 提高到了 0.853 595，是所建 ARMA-X 模型中最高的，说明该模型是拟合效果最优的；图 4.5 也显示该模型良好的拟合效果。这说明，区分青少年人口和老龄人口比重对储蓄率影响的重要性。

图 4.4　我国非劳动力人口比重对储蓄率回归模型的拟合值和误差

表 4.6　我国青少年人口比重对储蓄率影响的回归模型

变量	系数	标准误差	t 统计量	p 值
C	0.008 455	0.002 958	2.858 432	0.009 4
dyoung（−7）	0.535 058*	0.277 291	1.929 589	0.067 3
MA（6）	−0.917 194	0.052 107	−17.602 090	0.000 0
R^2	0.645 885			
调整后的 R^2	0.612 160			
F 统计量	19.151 390			
p 值（F 统计量）	0.000 018			
AIC	−6.321 575			
施瓦兹准则	−6.174 318			
Hannan-Quinn 准则	−6.282 508			
Durbin-Watson 统计量	0.875 939			

*表示 10% 的显著性水平

表 4.7　我国老龄人口比重对储蓄率影响的回归模型

变量	系数	标准误差	t 统计量	p 值
C	0.009 400	0.002 884	3.259 091	0.004 1
dold（−8）	−2.975 959*	1.692 002	−1.758 839	0.094 7
MA（1）	0.397 704	0.212 729	1.869 533	0.077 0
MA（6）	−0.602 011	0.200 278	−3.005 872	0.007 3
R^2	0.647 834			
调整后的 R^2	0.592 229			
F 统计量	11.650 620			
p 值（F 统计量）	0.000 147			
AIC	−6.314 548			
施瓦兹准则	−6.117 071			
Hannan-Quinn 准则	−6.264 883			
Durbin-Watson 统计量	1.196 723			

*表示 10%的显著性水平

表 4.8　我国青少年人口、老龄人口比重对储蓄率影响的回归模型

变量	系数	标准误差	t 统计量	p 值
C	0.015 669	0.003 718	4.214 521	0.000 6
dold（−8）	−4.121 046***	0.900 938	−4.574 171	0.000 3
dyoung（−7）	0.761 245***	0.197 521	3.853 988	0.001 3
AR（1）	0.712 085	0.164 175	4.337 365	0.000 4
MA（6）	−0.978 872	0.037 347	−26.210 240	0.000 0
R^2	0.881 482			
调整后的 R^2	0.853 595			
F 统计量	31.609 490			
p 值（F 统计量）	0.000 000			
AIC	−7.257 570			
施瓦兹准则	−7.009 606			
Hannan-Quinn 准则	−7.199 157			
Durbin-Watson 统计量	1.834 326			

***表示 1%的显著性水平

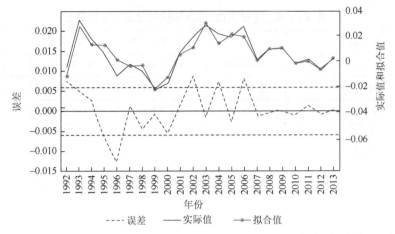

图 4.5　我国青少年人口比重、老龄人口比重对储蓄率回归模型的拟合值和误差

4.3.5　Johansen 协整检验和 VECM 建模

下面采取协整理论分析我国人口结构与储蓄率的长期和短期影响关系（表 4.9～表 4.12）。Johansen 协整检验（表 4.9）表明，我国储蓄率和劳动力比重之间存在一个协整关系。因此，可以建立 VECM。我国储蓄率和劳动力比重的 VECM 估计结果见表 4.10。根据 D（save）波动方程，误差修正项系数的 t 值为 $-2.820\,12$，显著为负，说明我国储蓄率长期而言受到劳动力人口比重的显著影响，即我国劳动力人口比重是储蓄率的长期 Granger 原因；不过，D（labor（-1））的系数不显著，说明我国劳动力比重不是储蓄率变化的短期 Granger 原因。类似的分析表明，D（labor）波动方程中，误差修正项系数不显著，D（save（-1））的系数也不显著，说明我国储蓄率不是劳动力人口比重变化的短期和长期 Granger 原因；即可以认为我国劳动力人口比重的变化不受储蓄的影响，具有外生性。

表 4.9　我国储蓄率和劳动力人口比重的 Johansen 协整检验

假设协整关系个数	特征值	迹统计量	0.05 临界值	p 值
无	0.487 122	18.037 720	15.494 710	0.020 3
至多一个	0.000 346	0.009 351	3.841 466	0.922 6

注：协整检验的滞后阶数为 4 阶

表 4.10　我国储蓄率和劳动力人口比重的 VECM

协整方程	协整回归系数
save（-1）	1.000 000

续表

协整方程	协整回归系数	
labor（-1）	-1.726 456	
	（0.265 51）	
	[-6.502 45]	
C	0.758 778	
误差修正方程	D（save）	D（labor）
误差修正项系数	-0.249 693**	0.029 023
	（0.088 54）	（0.040 81）
	[-2.820 12]	[0.711 12]
D（save（-1））	0.402 905	-0.102 212
	（0.159 51）	（0.073 53）
	[2.525 92]	[-1.390 16]
D（labor（-1））	-0.095 507	0.099 141
	（0.429 92）	（0.198 17）
	[-0.222 15]	[0.500 27]
C	0.003 891	0.003 972
	（0.003 10）	（0.001 43）
	[1.255 00]	[2.778 84]
R^2	0.339 201	0.088 624
调整后的 R^2	0.262 955	-0.016 535
AIC	-12.980 23	

**表示 5%的显著水平

表 4.11　我国劳动力人口比重、GDP 和储蓄率的 Johansen 协整检验

假设协整关系个数	特征值	迹统计量	0.05 临界值	p 值
无	0.738 603	50.012 710	29.797 070	0.000 1
至多一个	0.300 958	11.103 000	15.494 710	0.205 3
至多二个	0.024 513	0.719 724	3.841 466	0.396 2

表 4.12　我国劳动力人口比重、GDP 和储蓄率的 VECM

协整方程	协整回归系数
dGDP（-1）	1.000 000
save（-1）	-0.445 652
	（0.087 27）
	[-5.106 39]

续表

协整方程	协整回归系数		
labor（-1）	0.782 846		
	（0.156 43）		
	[5.004 36]		
C	-0.444 418		
误差修正方程	D（dGDP）	D（save）	D（labor）
误差修正项系数	-0.869 418**	0.317 685**	0.038 414
	（0.158 62）	（0.139 59）	（0.062 31）
	[-5.481 17]	[2.275 88]	[0.616 50]
D（dGDP（-1））	0.541 637	-0.218 467	-0.023 831
	（0.144 78）	（0.127 41）	（0.056 87）
	[3.741 09]	[-1.714 68]	[-0.419 02]
D（save（-1））	0.608 134**	0.336 956	-0.093 931
	（0.195 32）	（0.171 89）	（0.076 73）
	[3.113 49]	[1.960 33]	[-1.224 23]
D（labor（-1））	0.741 674	-0.082 042	0.000 496
	（0.537 09）	（0.472 65）	（0.210 98）
	[1.380 92]	[-0.173 58]	[0.002 35]
C	-0.008 271	0.004 158	0.004 189
	（0.003 82）	（0.003 36）	（0.001 50）
	[-2.164 58]	[1.236 57]	[2.790 80]
R^2	0.621 959	0.291 326	0.075 006
调整后的 R^2	0.558 952	0.173 214	-0.079 159
AIC	-18.319 40		

**表示 5%的显著性水平

4.4 小　　结

我们采取 Granger 因果关系检验、ARMA-X 模型、协整理论等计量方法，分析我国人口结构变化对居民储蓄的影响。Granger 因果关系检验表明，我国人口结构变化中劳动力、老龄人和青少年人口比重与储蓄率变化之间均不存在明显的 Granger 因果影响关系。ARMA-X 模型的结果表明：①我国劳动力比重变化对储蓄率的影响较为复杂，短期（滞后 3 年）会提升储蓄率水平，但是在更长时间上

（滞后 7 年）会对储蓄率产生一定的负面影响。②青少年比重和老龄人口比重对我国储蓄率变化的影响是不同的：青少年比重的变化，一般将在 7 年后显著地正向影响我国储蓄率；相反地，老龄人口比重变化将负面影响未来我国储蓄率，平均而言其变动在 8 年后将显著地影响我国消费率，说明老龄人口增加将明显地抑制储蓄率提升。协整检验和 VECM 的建模显示，我国储蓄率和劳动力人口比重之间存在长期均衡稳定的关系（即协整关系）。VECM 建模结果显示，长期而言，我国劳动力人口比重显著地影响储蓄率，而反向影响不明显；短期内，二者之间不存在明显的相互影响关系。

综合而言，ARMA-X 模型和 VECM 均显示二者之间存在因果影响关系。特别地，我国劳动力人口比重变化短期内会提升储蓄率水平，但是在更长时间上会对储蓄率产生一定的负面影响。这可能源于短期内新增年轻劳动力人口的家庭负担较轻，因此倾向于增加储蓄；但是随着劳动力人口年龄增长，开始建立家庭，会增加住房、儿童抚养教育和老年人抚养的支出。同时，青少年人口比重对未来我国的储蓄率存在正向影响作用，但是老龄人口比重对未来我国储蓄率水平存在负向影响作用。此外，学术上的一个启示是：由于青少年和老龄人对社会储蓄、消费等影响特别是中长期影响的差异性，在进行社会抚养比对经济社会发展影响的研究时，建议对二者的影响进行区别分析。

4.5　建　　议

根据中国科学院预测科学研究中心的模型预测，未来我国人口老龄化程度将会快速提升，老龄人口比重将会加快提升，青少年人口比重将会下降，而劳动力人口比重将会下降，这给我国未来储蓄率乃至经济社会发展带来系列不利影响。①将直接给我国未来居民储蓄平稳增长带来压力，而居民储蓄往往会影响投资、消费和经济增长，不利于投资和经济增长；②未来我国将面临日益加大的社会抚养压力，特别是养老压力。相应的政策建议如下。

（1）我国中长期面临储蓄率下滑的威胁，宜加快推进金融改革，提高居民储蓄投资的收益，并继续吸引利用外资以促进经济增长。未来储蓄率下降意味着我国投资资金（或比重）变少，潜在经济增长率将下降；并有可能导致投资可用资金紧张，真实利率将上升；此外，还将影响未来消费，进而影响经济增长。宜加快推进金融改革，为投资者提供更多金融产品，提高储蓄投资收益；采取多种方式（如开放资本账户）吸引国外资本，为我国经济增长提供资金，减缓未来我国储蓄率可能下滑对国内投资和经济增长产生的不利影响。

（2）未来我国老龄化人口增多，我国将面临日益加大的社会抚养压力，因此建议加强养老金融支持，加快完善我国养老保障体系。应对老龄化挑战，建立系统的、可持续的养老保障体系。加强养老金融支持，发展养老金融业务，提高储蓄投资转化效率、发展养老保险产品服务、深化社会养老基金运作等。可以借鉴日本等老龄化国家在这方面的经验教训，结合我国国情改进和完善相应的养老保障体系。

第5章 我国老龄产业规模及其对经济带动研究

5.1 研 究 背 景

5.1.1 我国老龄化基本现状

人口老龄化是指总人口中因年轻人口数量减少、年长人口数量增加而导致的老年人口比例相应增长的动态。它包括两个含义：一是指老年人口相对增多，在总人口中所占比例不断上升的过程；二是指社会人口结构呈现老年状态，进入老龄化社会。国际上通常看法是，当一个国家或地区 60 岁以上老年人口占人口总数的 10%，或 65 岁以上老年人口占人口总数的 7%，即意味着这个国家或地区的人口处于老龄化社会。随着经济的迅猛发展，科技的日益进步，人口老龄化问题已成为全世界共同关注的问题，它对各个国家或地区的发展产生了深远影响。一般地，人口老龄化最先产生于发达国家，它是经济高速发展、人民生活水平提高、医疗保障体系完善和科学技术进步等的必然结果。表现在老年人口数量上，则是老年人口所占比重相对加大；表现在人口结构上，则是结构呈老龄化状态。

我国已进入人口老龄化快速发展时期。据统计，2015 年我国 0～14 岁人口为22 681 万人，我国 15～64 岁人口为 100 347 万人，2005～2010 年我国 0～14 岁人口逐年下降，2011 年 0～14 岁人口达到最低值，为 22 164 万人。2015 年我国 65岁及以上人口为 14 434 万人，占总人口的 10.5%（图 5.1～图 5.3）。从抚养比数据来看，2015 年我国总抚养比为 37.0%，少儿抚养比为 22.6%，老年抚养比为 14.3%；2005～2015 年我国少儿抚养比呈下降趋势，而老年抚养比逐年增加（图 5.4）。按照统计意义上的老龄化社会定义，我国已迈入深度老龄化社会阶段。

我国人口老龄化具有以下几个特征。

1. 我国老年人口规模较大，老龄化速度有所加快

2012 年，我国（不包括香港、澳门、台湾数据）总人口达到 135 404 万人，其中 15～64 岁劳动年龄人口为 100 403 万人，占全部人口的 74.2%，较 2011 年下降了 0.2 个百分点；65 岁及以上的老年人口数量为 12 714 万人，占当年全部人口的 9.4%，比重较 2011 年上升了 0.3 个百分点。

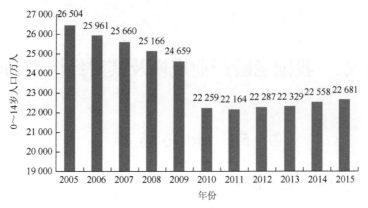

图 5.1　2005～2015 年我国 0～14 岁人口数量变化趋势

资料来源：智研数据研究中心整理

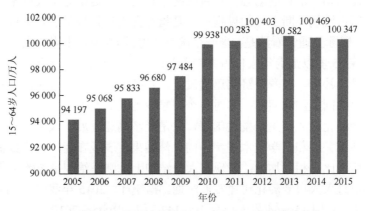

图 5.2　2005～2015 年我国 15～64 岁人口数量变化趋势

资料来源：智研数据研究中心整理

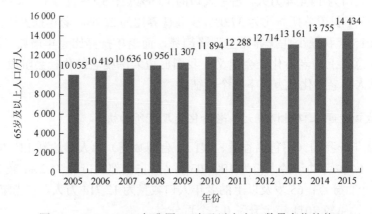

图 5.3　2005～2015 年我国 65 岁及以上人口数量变化趋势

资料来源：智研数据研究中心整理

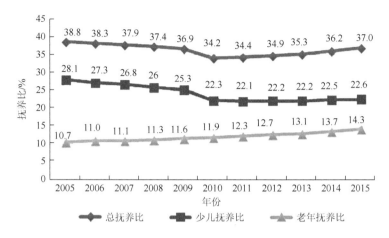

图 5.4　2005~2015 年我国总抚养比、少儿抚养比、老年抚养比变化趋势

资料来源：智研数据研究中心整理

　　20 世纪 80 年代以来，我国劳动年龄人口不断增多。15~64 岁劳动年龄人口从 1982 年的 62 517 万人增加到 2012 年的 100 403 万人，年均增加 1262.9 万人；劳动年龄人口占比从 1982 年的 61.5%增加到 2012 年的 74.1%，年均增加 0.42 个百分点。与此同时，我国老年人口数量也在稳步增长，65 岁及以上人口数量从 1982 年的 4991 万人增加到 2012 年的 12 714 万人，年均增加 257.4 万人；老年人口占比从 4.9%增加到 9.4%，年均增加 0.15 个百分点。

　　从国际比较情况来看，发达国家老龄化进程长达几十年，甚至 100 多年，如法国用了 115 年，瑞士用了 85 年，英国用了 80 年，美国用了 60 年，而我国只用了 18 年（1981~1999 年）就进入了老龄化社会，而且老龄化的速度还在加快（图 5.5）。根据世界银行统计数据显示，1980 年，我国 65 岁及以上人口总量为 4980.6 万人，占全部人口比重为 5.1%，低于世界 0.9 个百分点，老年人口总量相当于美国、日本和俄罗斯三个国家之和；2012 年，我国老年人口总量为 1.17 亿人，占全部人口比重为 8.7%，高于世界 0.9 个百分点，老年人口总量超过美国、日本和俄罗斯三个国家之和的近 30%。我国老年人口规模不断扩大的同时，老龄化速度有所加快。2010~2020 年，我国 60 岁及以上人口比重上升了 5.44 个百分点，65 岁及以上人口上升了 4.63 个百分点。与上个十年相比，上升幅度分别提高了 2.51 个和 2.72 个百分点。

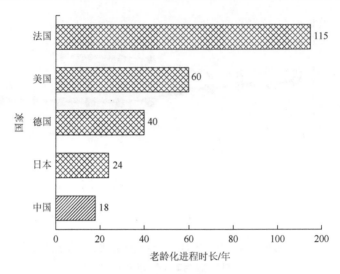

图 5.5　不同国家老龄化进程时长对比

资料来源：智研数据研究中心整理

2. 未富先老迹象显现，经济发展压力增强

从国际上发达国家的经济发展和人口结构变化来看，大部分国家都是在物质财富积累达到一定程度后，才开始进入到人口老龄化阶段，相应地这些国家有足够的财力来解决老年人的养老问题。而 21 世纪初我国进入人口老龄化社会时，物质财富积累则相对不足。1999 年，我国 65 岁及以上老年人口占比达到 7.63%，按照联合国标准正式进入到老龄化社会，而当年人均 GDP 仅为 1041.6 美元，不及德国、英国和加拿大的 1/20，仅为美国和日本的 3%左右，与发达国家存在较大差距。近年来我国人均 GDP 虽然实现了大幅增长，但与多数发达国家仍然存在较大差距，经济发展压力依然较大。

3. 老年人口分布不均，老龄化呈现转移趋势

众所周知，我国人口众多，各地区的经济社会发展水平差异较大。与此同时，人口老龄化发展形势也表现出明显的区域不平衡性。从地区分布来看，东部和中部地区的人口老龄化形势相对严峻，西部地区的人口压力相对较小。从时间走势来看，东部地区人口老龄化正逐渐向中部和西部地区转移。数据显示，2002 年，我国 31 个省区市中，北京、天津、上海和浙江 4 个省市的 65 岁及以上人口占比超过 10%，这些省市全部属于东部地区。2012 年，天津、江苏、安徽、山东、湖北、湖南、重庆和四川 8 个省市的 65 岁及以上人口占比超过 10%，其中属于东部地区和中部地区的各有 3 个，属于西部地区的有 2 个。老年人口占比高的地区增多,一方面显示我国人口老龄化形势越发严峻,另一方面也显示出人口老龄化呈现转移趋势。

4. 预期寿命显著提高,老年人口规模巨大

生活水平的提高,医疗技术的发展和改善,延长了人们的预期寿命。我国2010 年的人口平均预期寿命为 74.83 岁,其中,男性 72.38 岁,女性 77.37 岁。2000 年的数据分别 71.40 为岁、69.63 岁、73.33 岁。2000~2010 年,我国人口平均预期寿命提高了 3.43 岁,其中男性增加了 2.75 岁,女性增加了 4.04 岁。世界银行数据显示,2010 年时,世界人口平均预期寿命为 70 岁,中等收入国家及地区人口平均预期寿命为 70 岁,高收入国家及地区为 79 岁。由此可以得出,我国人口平均预期寿命高于世界平均水平、中等收入国家及地区 4.83 岁。从提高幅度来看,2000~2010 年我国人口平均预期寿命增长了 3.43 岁,比世界平均水平2 岁快 1.43 岁左右,比高收入国家及地区和中等收入国家及地区快 0.43 岁。

5. 自然增长率大幅下降,高龄化显著

我国人口自然增长率呈现大幅下降趋势。1988~2000 年的平均下降幅度高达11.41‰。尽管自 2000 年起下降幅度缩小,但总体下降趋势不变。出生率和自然增长率的趋势一致,2000 年起也基本呈现下降趋势,由 2000 年的 14.03‰下降到 2012 年的 12.10‰,下降了大约 2 个千分点。死亡率由 2000 年的 6.45‰下降到 2004 年的6.42‰,但是自 2005 年起呈现上升趋势,2005 年我国死亡率为 6.51‰,2012 年死亡率为 7.15‰,上升了 0.64 个千分点。在这两方面的作用下我国自然增长率在1988 年后的 12 年间以 11.41‰的平均速度降低,一直降低到 2000 年的 7.58‰,2012 年的 4.95‰。截止到 2012 年末,人口自然增长率总共下降了 2.63 个千分点。相比较而言,2000 年世界自然增长率约为 12.7‰,2010 年为 11.4‰,仅下降了1.3 个千分点。可以看出,中国自然增长率的绝对数值低于世界水平,其下降速度也远远大于世界平均下降速度。

总之,我国人口老龄化具有“速度快、规模大、发展不均衡”等特点。我国人口老龄化与经济发展水平并不同步,“未富先老”现象严重。在综合国力尚不发达的情况下,老龄化的匆匆到来,给我国社会、经济、公共卫生等带来了非常严峻的挑战。但是,老龄化不仅仅意味着挑战,也是一种发展机遇。老龄人口的迅速增长意味着对老龄产业需求的增长。伴随着我国人民收入日渐增长,老年人的消费力也逐年增强,老龄产业相关的新兴市场将拉动社会服务产业链的巨大发展,成为扩大内需、催生新型产业、增加就业、推动经济转型升级的一个重要支点。

5.1.2　我国老龄产业基本现状

随着我国老龄化趋势和程度的加深，老龄产业应运而生。老龄产业在国外也称为"银色产业"，在西方发达国家已有很长的发展历史。我国老龄产业起步较晚，对老龄产业的研究始于 20 世纪 90 年代，有的学者称之为老年产业。在 1997 年 5 月 28 日中国首次老龄产业研讨会上，中国老龄协会会长张文范首次公开明确地提出"老龄产业"的说法。老龄产业是一个目标服务对象为老年人口的产业体系，包括所有为老年人提供产品、服务以及就业机会的经济实体，满足老年人口衣、食、住、行、用、医疗保健、照料护理、精神慰藉等各方面需求的多方面产业部门总称。因而，老龄产业并不是传统意义上的一个独立产业部门，而是由老年消费市场需求带动而形成的国民经济中一个新兴产业集群，是许多相关产业部门的通称，它既包括生产性产业，也包括服务性产业。

我国老龄产业的起步可以上溯至 20 世纪 80 年代，在计划经济体制的强烈影响下，当时老龄产业发展比较缓慢。20 世纪 90 年代是我国老龄产业最初提出及发展的重要阶段。进入 21 世纪以后，随着政府、企业以及社会的介入和学界研究的拓展，我国的老龄产业日渐兴起与发展，正成为国民经济中的一个不容忽视的产业。综合而言，现阶段我国老龄产业发展的主要特点包括以下几个方面。

（1）老龄市场规模迅速扩张，但产业带动经济和就业局面尚未形成。尽管老龄产业有着广阔的发展前景和快速的增长规模，背后却蕴含着我国老龄产业仍处于发展初级阶段的事实，其中一个明显的印证是老龄产业市场规模仅是简单以老年人口消费规模增长为基数，并且普遍存在总量规模大但单体规模小、产业链过短过窄、产业间横向合作少、产业间融合程度低等诸多突出问题。

（2）老龄产业发展相对较为集中，产业发展区域间失衡。目前我国城市地区户籍人口老龄化程度要高于农村地区，老龄产业在城市地区依然显得相对集中。数据显示，我国 74%的民办养老服务机构位于城市，26%位于农村，这说明就目前而言，城市地区是养老服务业发展较为集中的地区，而农村地区受制于经济社会发展水平的滞后，消费能力和消费习惯尚不足以支撑老龄产业快速发展。除了老龄产业发展的城乡差异外，老龄产业在东中西部区域间还存在着不平衡。总体上看，西部地区老龄产业规模和市场化发展程度都要落后于东中部地区；从老龄产业市场发展程度来看，当前老龄产业主要集中于人口老龄化速度较快的东部和城市地区。

（3）养老服务和产品发展势头良好，但产业扶持和规范性的政策欠缺。在政策扶植力度加大和市场缺口亟待补充的双重带动下，我国养老服务和产品总体发展势头良好。尽管目前部分地区已经出台了养老服务业的政策法规和管理制度，但由于养老服务业涉及面广，前期资金投入较大，投资主体多元化的格局尚未形成，金融服务业对养老服务业的扶持力度远远不够。此外，相关产业规范和标准缺位，存有诸多政策法规上的盲点、缺位和不配套等问题，与人口老龄化的客观形势及老年人口的现实需要相比仍然显得滞后，不能适应养老服务业市场化、产业化、社会化的需要。

（4）老龄产业福利色彩浓厚，社会力量参与力度亟待增强。从一开始，我国老龄产业就有着市场性和福利性并存的鲜明特点。随着老龄人口规模和比例的不断增大，光有浓厚社会福利色彩的老龄事业，无论是从服务和产品的多样性提供，还是从政府投资的角度，人们对老龄产业的需求都不可能得到充分满足。因此，加快带有部分福利性质的老龄产业的发展也是政府改善民生的题中之义。当然，老龄产业发展并不意味着老龄产业完全剥离社会福利的色彩，特别是我国的社会主义市场经济体制还不完善，老龄人口服务和消费水平相对较低的情况下，更要强调老龄产业发展过程的福利性。政府依然要作为老龄产业的重要参与者，提供必要的政策和资金扶植，解决老龄人口需求增加和资金、产品短缺二者之间的矛盾。

（5）产品与服务销售渠道单一，促销手段极为落后。目前，老龄产品市场的基本格局是产品种类少，专业化程度低，市场细分不够，缺乏专营的品牌。在产品、价格和渠道原本同质性就很强的情况下，针对老年人的市场营销意识较弱阻碍了我国老龄产业的快速发展，具体表现在缺乏系统的市场竞争战略，产品销售渠道单一，甚至仍然存在等待顾客上门的状况。此外，老龄产品宣传促销手段不得法、不到位的主要原因是市场对老龄人口变化的了解程度不够，导致不断变化的老龄需求与老龄产品和服务之间不相适应的矛盾，使得部分涉老产品或者服务在市场竞争中处于被动地位，这与企业对产品或者服务定位不准有着直接的关系。

（6）传统产品为主的局面仍未打破，市场研究和产品开发相对脱节。从整体而言，我国大多数老龄产品的研发还处于对发达国家的仿制阶段，独立研发能力十分有限。老龄产业已开发出的产品和服务大多属于传统项目，主要集中在食品、服装和医疗保健等方面，产品和服务明显单一，层次较低，尚不能满足老龄人口日益多元、高层次的物质和精神需求，住房、安全、旅游、金融、保险等方面的产品和服务缺失则更为严重。此外，考虑到我国老龄产业多为中小企业，这些企业不可能在市场研究和产品开发方面花费大量的人、财、物力。因此，政府需要在鼓励和推动老龄产业发展高新产品和服务过程中发挥更加积极的作用。

5.1.3　老龄产业研究综述

老龄产业潜在经济价值、社会价值以及学术价值的叠加效应越来越得到学术界、政府决策部门、企业界以及老年群体的极大关注，成为我国经济社会改革发展的热点问题。关于老龄产业的研究主要关注以下几个方面：老龄产业市场需求，我国老龄产业发展状况与制约因素，国外老龄产业发展的经验与启示。

关于老龄产业市场需求的研究始于 20 世纪 90 年代，最初的研究集中在人口老龄化现象和老年群体的消费市场上。需求是市场存在的前提，产业的产生和发展是以市场的需求为原动力的，人口老龄化对市场和生产的影响主要也是通过消费需求来实现的。消费需求是指消费者对消费资料和消费性劳务的需求，也就是人们对满足其生存、享受和发展的物质资料和劳务需要在有支付能力条件下的表现形式。张纯元（1994）认为我国人口的急剧老化扩大了老年消费市场的规模，老年消费需求将持续增长。赵宝华（1999）总结老年消费需求大体分为三类：老年物质产品消费需求（包括衣、食、住、行、用以及医疗设备等）、老年精神文化消费需求（包括文娱、体育、保健、教育等）和老年照料服务消费需求（包括老人护理服务、老年家庭服务、临终关怀服务、咨询服务等），并基于我国老年消费市场发展现状及趋势，认为应尽快制定和完善扶持老龄产业发展的优惠政策，并由市场消费需求引导生产供给。李齐云和崔德英（2008）认为老龄产业的产生与发展取决于由老年人口规模、老年人购买力水平和购买欲望所决定的市场需求。陆杰华等（2013）通过实证分析认为，2011～2050 年，我国老年人口消费增长的速度要远远快于人口增长速度，老年人口的增长速度在 2035 年左右达到高位之后将明显慢于之前年份，但老年人口的消费却一直呈现高速增长之势；老年人消费总额在 GDP 中所占的比重将从 2011 年的 5.55%持续上升到 2050 年的17.25%，40 年间增长超过 11 个百分点。从我国老年人口退休金总额看，2010 年达到 8383 亿元，2020 年达 28 145 亿元，到 2030 年将达 7.3 万亿元，老年人群体已经成为一支重要的消费大军。随着人口老龄化和老龄人收入水平的稳步增加，我国老龄人口消费需求和能力的增长将为我国老龄产业发展提供强劲的动力（陆杰华等，2013）。

关于我国老龄产业发展状况与制约因素的研究方面，万俊海（2007）认为我国老龄产业发展目前主要集中在老年生活用品、老年住宅、老年旅游等产业领域，其中，老年生活用品产业（满足老年人群体的生活辅助品、医疗器械、保健品、营养品等）发展较快；一些在选址、规划、内部设施等方面充分考虑老年人需求，深受老年人喜欢的大型老年社区，已成为老龄产业中老年住宅业发展的一种新模式。王章华（2010）在全面分析老龄产业发展现状的基础上，指出我国老龄产业的发展还处于初级阶段，远远滞后于人口老龄化的速度，滞后于经济发展的速度，滞后于老年人口的消费需求，没有形成有效的产业规模，老年产品市场呈现企业少、产品单一、供给匮乏、市场冷落等特点，尤其是老年人口的金融保险、理财服务供给滞后于市场需求。陈刚（2007）认为缺乏相应的政策支持、产品供求矛盾突出、产品和服务开发创新乏力、产业发展处于无序状态以及由于投资不足而缺乏规模效益等是目前我国老龄产业发展过程中面临的严重问题，而社会氛围滞后、政府部门角色缺失、管理机制不健全、专业人才缺乏、老年人口消费习惯等是造成上述问题的主要原因。陈勇鸣（2012）则指出，目前影响我国老龄产业发展的主要因素包括：一是体制性障碍，老龄产业的性质徘徊在事业和产业之间，缺乏是政府介入还是市场介入的边界划分；二是传统观念的影响，长期形成的"福利化养老"认识误区影响了养老服务社会化、产业化的进程；三是缺乏总体规划和宏观指导。中国老龄科学研究中心指出到 2050 年老龄产业占 GDP 的比例将会增长到 29%左右。从老龄产业的市场结构来看，陆杰华等（2013）认为我国老龄产业中的养老服务业、老年教育业和老年住宅业都呈现出快速兴起的势头；在技术革新和市场细分的推动下，传统的老年日常用品业、老年医疗保健业以及日渐兴起的老年旅游业也都有较好的发展；而老年金融保险业、老年咨询业的发展则较为滞后。

　　关于国外老龄产业发展的经验与启示方面，发达国家进入老龄社会的时间较早，对于老龄产业的研究相对比较丰富和成熟。比较有代表性研究包括：Pichat（1956）全面总结了关于人口老龄化问题的研究成果，分析了人口老龄化的决定因素及其对社会经济发展的影响；Tibbitts（1960）的《老年学手册：社会（经济）诸方面》（*Handbook of Social Gerontology*）以及 Clark 和 Spengler（1980）合著的《个体高龄和群体老化经济学》（*The Economics of Individual and Population Aging*）的出版分别标志着老年学的诞生和老龄化经济学的真正确立。进入 21 世纪，发达国家学者对老龄化的研究更加深入。Lee（2007）在《全球人口老龄化及其经济影响》（*Global Population Aging and Its Economic Consequenes*）一书中分析了老龄化对人口结构和全球储蓄的影响，并提出国家应对人口老龄化的政策行动方案；Holzmann（2009）就人口老龄化对养老体系和金融市场的影响进行了研究，并提出相应的管理对策。国内学者在发现我国老龄产业发展过程中的差距和问题后，开始尝试对国外老龄产业发展情况进行分析，以期能从中探寻促进我国老龄产业发展的经验。陈茗和兰荣生（2006）将日本老龄产业的发展划分为三个阶段，并对每个阶段具体特征进行了详细论述，认为日本的老龄产业之所以能够得到较快发展，除了老龄人口急剧增加的内在动力外，主要得益于日本政府对经济形势和企业经营的强大影响力，同时，针对老龄产业的规范措施和扶持政策也发挥了积极的促进作用。杨宏和谭博（2006）对英国、奥地利、德国、美国、瑞典等发达国家老龄产业发展的经验进行了总结分析，认为尽快建立老年护理保险制度、发展社区养老是我国社会养老发展的必然趋势，可以缓解我国养老困境。田香兰（2013）归纳总结了韩国发展老龄产业的经验，认为韩国老龄产业之所以能够顺利发展，是因为选择了"政府主导、企业参与、市场推动、社会支持"的产业发展道路，这种老龄产业发展思路值得我们借鉴。基于有关文献对发达国家老龄产业的分析，可以看出：发达国家老龄产业发展已相对完善，且形成了较为完整的产业链，所涉及的领域覆盖面比较广，老龄产业的发展已能够基本顺应本国人口老龄化的需求。我国发展老龄产业可以从以下几个方面借鉴其先进经验：一是明确本国老龄产业发展所处的阶段，根据各阶段不同的特点采取不同的发展策略；二是发展老龄产业需要政府积极的引导与支持；三是鼓励企业积极参与，为涉老企业营造良好的经营氛围，同时，在政策扶持方面予以倾斜。例如，在融资方面可以为涉老企业提供期限较长的、贷款利率优惠的信用贷款，以刺激企业投身老龄产业的积极性。此外，政府还应在城市规划的早期为老龄产业和老年设施预留发展用地，以降低老龄产业的土地、租金等经营成本。

从现有的研究成果来看，我国学者对老龄产业的研究数据相对匮乏，导致现有的研究多以定性研究为主，定量研究较少。这在一定程度上制约了我国老龄产业研究的拓展和深化。为弥补该不足，本章研究运用投入产出分析和数量经济模型测算了 2016～2050 年我国老龄产业的规模及其对经济的带动效应并基于量化计算的结果提出了我国未来应对人口老龄化的政策建议。

5.2　研　究　方　法

5.2.1　"标准消费人"法推算老年人消费规模

本章采用"标准消费人"法推算老年人的消费规模。"标准消费人"法的基本假设是老年人和儿童的消费水平要低于劳动年龄人口，因此可以把处于劳动年龄的人作为标准消费人，然后按一定的比例把儿童和老年人折算成标准消费人。学者一般认为老年人的消费水平相当于处于劳动年龄人口消费水平的 70%左右，因此可以按 0.7 的系数将老年人折算为"标准消费人"。"标准消费人"的折算系数如表 5.1 所示，1990 年为 1.111，2000 年为 1.097，2010 年为 1.083。基于此系数，可以把不同阶段的居民消费水平折算成"标准消费人"的消费水平，结果如表 5.2 所示。1995～2014 年，居民消费水平的平均增长率为 9%。因此在预测 2016～2050 年居民消费水平和"标准消费人"消费水平的增长情况时设置了三种增长情景：高速增长情景（平均增长率 12%），中速增长情景（9%）和低速增长情景（6%）。预测结果如表 5.3 所示。

表 5.1　"标准消费人"的折算系数（单位：万人）

项目	1990 年	2000 年	2010 年
总人口	113 368	126 583	133 972
0～14 岁人口数	31 403	28 988	22 239
15～64 岁人口数	75 616	88 861	99 809
65 岁及以上人口数	6 349	8 734	11 924
标准消费单位	102 043	115 355	123 723
折算系数	1.111	1.097	1.083

表 5.2　1995～2014 年"标准消费人"消费水平

年份	居民消费水平 （排除物价因素后）/（元/人）	折算系数	"标准消费人"消费水平/（元/人）
1995	2 330	1.111	2 589
1996	2 553	1.111	2 836
1997	2 696	1.111	2 995
1998	2 774	1.111	3 082
1999	2 911	1.111	3 234
2000	3 174	1.097	3 483
2001	3 334	1.097	3 659
2002	3 526	1.097	3 870
2003	3 702	1.097	4 063
2004	4 049	1.097	4 443
2005	4 459	1.097	4 893
2006	4 860	1.097	5 333
2007	5 623	1.097	6 170
2008	6 339	1.097	6 956
2009	6 791	1.097	7 452
2010	7 641	1.083	8 274
2011	9 011	1.083	9 757
2012	9 887	1.083	10 706
2013	10 676	1.083	11 561
2014	11 446	1.083	12 394

表5.3　2016～2050年"标准消费人"消费水平预测结果（单位：元/人）

年份	低速增长情景（6%）		中速增长情景（9%）		高速增长情景（12%）	
	居民消费水平	"标准消费人"消费水平	居民消费水平	"标准消费人"消费水平	居民消费水平	"标准消费人"消费水平
2016	12 861	13 926	13 599	14 726	14 358	15 548
2017	13 633	14 762	14 823	16 051	16 081	17 413
2018	14 451	15 648	16 157	17 496	18 011	19 503
2019	15 318	16 587	17 612	19 070	20 172	21 843
2020	16 237	17 582	19 197	20 787	22 593	24 464
2021	17 211	18 637	20 924	22 658	25 304	27 400
2022	18 244	19 755	22 807	24 697	28 341	30 688
2023	19 338	20 940	24 860	26 919	31 741	34 371
2024	20 499	22 197	27 098	29 342	35 550	38 495
2025	21 728	23 528	29 536	31 983	39 816	43 115
2026	23 032	24 940	32 195	34 861	44 594	48 289
2027	24 414	26 436	35 092	37 999	49 946	54 083
2028	25 879	28 023	38 250	41 419	55 939	60 573
2029	27 432	29 704	41 693	45 147	62 652	67 842
2030	29 078	31 486	45 445	49 210	70 170	75 983
2031	30 822	33 375	49 535	53 639	78 591	85 101
2032	32 672	35 378	53 993	58 466	88 022	95 313
2033	34 632	37 501	58 853	63 728	98 584	106 750
2034	36 710	39 751	64 150	69 464	110 414	119 561
2035	38 912	42 136	69 923	75 715	123 664	133 908
2036	41 247	44 664	76 216	82 530	138 504	149 977
2037	43 722	47 344	83 076	89 957	155 124	167 974
2038	46 345	50 184	90 552	98 054	173 739	188 131
2039	49 126	53 195	98 702	106 878	194 588	210 707
2040	52 074	56 387	107 585	116 497	217 938	235 991
2041	55 198	59 770	117 268	126 982	244 091	264 310
2042	58 510	63 357	127 822	138 411	273 381	296 028
2043	62 020	67 158	139 326	150 868	306 187	331 551
2044	65 742	71 187	151 866	164 446	342 930	371 337
2045	69 686	75 459	165 533	179 246	384 081	415 897
2046	73 867	79 986	180 431	195 378	430 171	465 805
2047	78 299	84 785	196 670	212 962	481 791	521 702
2048	82 997	89 873	214 371	232 128	539 606	584 306
2049	87 977	95 265	233 664	253 020	604 359	654 423
2050	93 256	100 981	254 694	275 792	676 882	732 953

5.2.2　投入产出模型计算老年人消费市场对经济的拉动作用

本章对老年人消费市场对经济拉动作用的测算是基于投入产出模型进行的。投入产出模型是以产品部门分类为基础的棋盘式平衡表，用于反映国民经济各部门的投入的来源和产出的去向，以及部门与部门之间相互提供、相互消耗产品的错综复杂的技术经济关系。投入产出模型可全面系统地反映国民经济各部门之间的投入产出关系，揭示生产过程中各部门之间相互依存和相互制约的经济技术联系。一方面它能告诉人们国民经济各部门的产出情况，以及这些部门的产出是怎样分配给其他部门用于生产或怎样分配给居民和社会用于最终消费或出口到国外的；另一方面它还能告诉人们，各部门为了自身的生产又是怎样从其他部门取得中间投入产品及其最初投入的状况。投入产出核算的功能不仅仅在于反映各个部门在生产过程中直接的、较为明显的经济技术联系，更重要的是它能揭示出各部门之间间接的、较为隐蔽的甚至被人忽视的经济技术联系。投入产出模型可以为研究产业结构，尤其为制定和检查国民经济计划，研究价格决策，进行各种定量分析提供数量工具。目前投入产出模型已经在世界上 100 多个国家和地区得到了广泛应用，在经济分析与规划、政策模拟和预测研究中发挥了重要的作用。

投入产出表可分为三个象限。第 Ⅰ 象限是由名称相同、排列次序相同、数目一致的几个产品部门纵横交叉而成的，其主栏为中间投入，宾栏为中间使用，它可提供国民经济各部门之间相互依存、相互制约的技术经济联系资料，反映国民经济各部门之间相互依赖、相互提供劳动对象供生产和消耗的过程。第 Ⅱ 象限，其主栏和第 Ⅰ 象限的主栏相同，也是 n 个产品部门；其宾栏是总消费、总投资、进出口等各种最终使用。这一部分是各生产部门提供的各种最终产品的使用数量、反映各种最终使用构成，体现了 GDP 经过分配和再分配的最终结果。第 Ⅲ 象限，其主栏是固定资产折旧、劳动报酬、生产税净额和营业盈余等各种最初投入；其宾栏与第 Ⅰ 象限宾栏相同，也是 n 个产品部门。这一部分反映各产品部门的最初投入（即增加值）的构成情况，体现了 GDP 的初次分配。表 5.4 是投入产出表的一般形式。

表 5.4　投入产出表的一般形式

投入		中间使用	最终使用	总产出
		部门 1，部门 2，…，部门 n		
中间投入	部门 1 部门 2 ⋮ 部门 n	$x_{11}, x_{12}, \cdots, x_{1n}$ $x_{21}, x_{22}, \cdots, x_{2n}$ ⋮ $x_{n1}, x_{n2}, \cdots, x_{nn}$	y_1 y_1 ⋮ y_n	x_1 x_2 ⋮ x_n

续表

投入		中间使用	最终使用	总产出
		部门 1，部门 2，…，部门 n		
增加值	固定资产折旧 劳动报酬 生产税净额 营业盈余	$d_1, d_2, \cdots, d_n$ $v_1, v_2, \cdots, v_n$ $t_1, t_2, \cdots, t_n$ $m_1, m_2, \cdots, m_n$		
总投入		$X_1, X_2, \cdots, X_n$		

在利用投入产出表进行经济分析时，需要计算投入产出表的各种系数。最主要的系数为直接消耗系数和完全消耗系数。

（1）直接消耗系数，也称投入系数，记为 a_{ij}（$i, j = 1, 2, \cdots, n$），它是指在生产经营过程中第 j 产品（或产业）部门的单位总产出直接消耗的第 i 产品部门货物或服务的价值量。其矩阵形式通常用字母 A 表示。直接消耗系数的计算方法为：用第 j 产品（或产业）部门的总投入 x_j 去除该产品（或产业）部门生产经营中直接消耗的第 i 产品部门的货物或服务的价值量 x_{ij}，用公式表示为

$$a_{ij} = \frac{x_{ij}}{x_j}$$

（2）完全消耗系数，通常记为 b_{ij}，是指第 j 产品部门每提供一个单位最终使用时，对第 i 产品部门货物或服务的直接消耗和间接消耗之和。利用直接消耗系数矩阵 A 计算完全消耗系数矩阵 B 的公式为

$$B = (I - A)^{-1} - I$$

其中，矩阵 $(I - A)^{-1}$ 为列昂惕夫逆矩阵，记为 $\tilde{B}$，其元素 $\tilde{b}_{ij}$ 为列昂惕夫逆系数，它表明第 j 部门增加一个单位最终使用时，对第 i 产品部门的完全需要量。

本章中对老年人消费市场对经济拉动作用的测算就是利用了列昂惕夫逆矩阵。计算公式如下：

$$P = \tilde{B}Y$$

其中，P 为老年人消费市场对产出的拉动向量，其元素 p_i 为每一个行业产出受到老年人消费量的拉动量；Y 为老年人消费量列向量，其元素 y_i 为老年人对每一个行业产品的消费。

$$E = \sum_1^n e_i, e_i = v_i y_i (i = 1, 2, \cdots, n)$$

其中，E 为老年人消费市场对经济的拉动总量；e_i 为老年人消费市场对每个行业的经济拉动量；v_i 为每个行业的增加值系数。

本章中采用的是 2010 年中国 65 部门非竞争型投入产出表。

5.2.3　调查法确定老年人消费结构

2013 年 7 月，中国消费者协会在全国 15 个大中型城市开展了"2013 年老年人消费者权益保护公益调查项目"，针对老年人的日常消费现状和消费需求进行调查，主要涵盖老年人比较关注的四大方面：医疗保健、旅游出行、娱乐健身、养老生活，同时涵盖了老年人的一些生活背景调查。调查采用计算机辅助电话访问的方式开展，覆盖了全国 15 个大中型城市：北京、天津、上海、杭州、济南、郑州、南京、合肥、武汉、长沙、广州、重庆、成都、哈尔滨、西安。在调查取样上，涵盖了两类人群：一类是 55 岁至 74 岁的老年人，共 1928 份成功样本，平均年龄为 62.6 岁，其中男性 844 名，女性 1084 名，作为老年消费者自身代表回答问卷；另一类是 21 岁至 54 岁且家中有 55 岁及以上老人的年轻消费者，共 1073 份成功样本，平均年龄为 34.1 岁，其中 85.0% 的年轻受访者是家中 55 岁及以上老人的子女（媳妇/女婿），12.7% 是亲戚关系，他们作为老年人消费现状和权益保护的观察者和协助者回答问卷。基于该调查数据，计算得到老年人消费结构如表 5.5 所示。

表 5.5　老年人消费结构

消费结构	结构/%
食品	38.19
日用品	15.03
医疗	9.18
服装	8.65
餐饮	7.02
旅游、交通等出行	6.90
家庭日常费用支出	6.26
营养保健	1.93
娱乐健身	1.75
亲朋好友相关支出	1.23
其他	3.86
总计	100

将消费内容与投入产出表中的部门对应起来（表 5.6）。

表 5.6　老年人消费内容与投入产出表中部门分类的对应

投入产出表中的部门分类（65部门全国非竞争表）	消费内容
食品及酒精饮料	食品 + 营养保健
纺织、针织制成品制造业	日用品 + 家庭日常费用支出
纺织服装、鞋、帽制造业	服装
木材加工及家具制造业	日用品 + 家庭日常费用支出
金属制品业	日用品 + 家庭日常费用支出
家用电力和非电力器具制造业	日用品 + 家庭日常费用支出
家用视听设备制造业	日用品 + 家庭日常费用支出
交通运输及仓储业	旅游、交通等出行
住宿和餐饮业	餐饮
居民服务和其他服务业	亲朋好友相关支出 + 其他
卫生、社会保障和社会福利业	医疗
文化、体育和娱乐业	娱乐健身

5.3　结果及分析

5.3.1　我国老年人消费规模估算

1995~2014 年我国居民消费水平的年平均增长率为 9%。基于此，本章对老年人消费规模的估算设定了三个情景：低速增长情景、中速增长情景和高速增长情景。其中，中速增长情景为延续原增长速度 9%，低速增长情景中增长速度为 6%，高速增长情景中增长速度为 12%。老年人消费规模的估算结果表明，在未来 30 年间，我国老年人消费规模会显著增加。在高速增长情景下，我国老年人消费规模在 2020 年、2030 年、2040 年和 2050 年分别为 3.1 万亿元、13.6 万亿元、58.2 万亿元和 188.1 万亿元；在中速增长情景下，我国老年人消费规模在 2020 年、2030 年、2040 年和 2050 年分别为 2.6 万亿元、8.8 万亿元、28.7 万亿元和 70.8 万亿元；在低速增长情景下，我国老年人消费规模在 2020 年、2030 年、2040 年和 2050 年分别为 2.2 万亿元、5.6 万亿元、13.9 万亿元和 25.9 万亿元（图 5.6）。

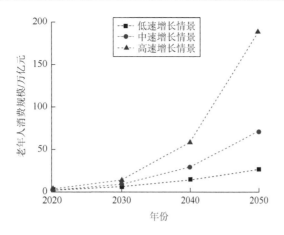

图 5.6　我国老年人消费规模估算

5.3.2　老龄服务产业需求估算

老龄服务是一种为满足人们进入老年期后由年龄增长、疾病等原因而导致身体机能衰退，从而在生理、心理以及其他方面产生的特殊需求而引致的一系列应对活动，主要包括生活照料、医疗卫生、康复护理等。老龄服务产业则是一个面向公民老年期、以提供生活性老龄服务产品为主的生产部门和企业的集合体，它是老龄社会条件下一种新的业态。根据目前的调查情况，老年餐桌、家政服务、医疗卫生服务和康复护理是老年人需求旺盛、市场发展空间较大的几个主要领域。本节计算数据来源于中国老龄科学研究中心的调查数据和中国发展研究基金会"北京市老龄产业发展状况"项目的调查数据。

估算结果显示，未来老年人口对我国老龄服务产业的需求规模显著增加，到2050 年规模将达 9993 亿元。其中在 2040 年之前，对康复护理的需求占老龄服务产业总需求的比例均为最高，但到 2050 年，对家政服务的需求一跃成为最高，占老龄服务产业总需求的 33%（图 5.7）。对于老龄服务产业各部分需求具体估算结果说明如下。

1. 老年餐桌和家政服务需求

中国老龄科学研究中心的调查数据显示，城市老年人需要家政服务和老年餐桌的比例分别高达 58% 和 49%。特别是空巢老人对家政服务和老年餐桌的需求比例更高。我们的估算结果表明，未来对老年餐桌和家政服务的需求到 2050 年将达到2121 亿元和 3261 亿元。

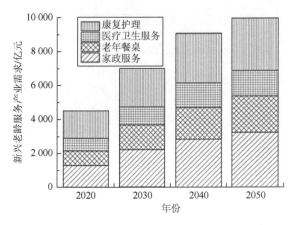

图 5.7　新兴老龄服务产业需求估算

2. 医疗卫生服务需求

根据中国发展研究基金会"北京市老龄产业发展状况"项目的调查数据，2020 年、2030 年、2040 年和 2050 年我国老年人对医疗卫生服务的需求规模分别为 746 亿元、1046 亿元、1446 亿元和 1504 亿元。

3. 康复护理需求

2013 年，城乡部分失能和完全失能老年人口数量已经超过 3700 万人，随着我国人口老龄化和高龄化趋势的继续发展，失能老年人不断增多，康复护理市场的潜在需求不断增长。中国老龄科学研究中心的调查数据显示，我国城乡老年人当中需要康复治疗的需求比例为 36.5%，需要上门护理服务的比例为 36.9%；其中农村老年人对上门护理和康复治疗的需求比例更高，分别为 47.7% 和 45.9%。除此之外，对护理型养老服务机构需求也不断增长。中国老龄科学研究中心的调查数据显示，中国完全失能老年人口占老年人口的比例为 6.8%，其中愿意入住养老机构的比例为 16.6%。假设老年人口的完全失能比例和入住养老机构意愿的比例不变，根据我们对未来老龄人口的预测结果以及入住养老机构的平均花费，可以推算出老年人对康复护理的需求将会从 2020 年的 1626 亿元增长到 2050 年的 3107 亿元。

5.3.3　老龄产业对 GDP 的拉动情况估算

在中速增长情景下，2020 年，由老龄产业拉动的 GDP 总额为 2.2 万亿元；2030 年和 2040 年的 GDP 拉动量分别为 7.4 万亿元和 24.3 万亿元；到 2050 年，拉动量增加至 59.8 万亿元。按粗略估算的 GDP 计算,到 2050 年,我国老龄产业对 GDP 的拉动量将达到 GDP 的 16%左右(图 5.8)。

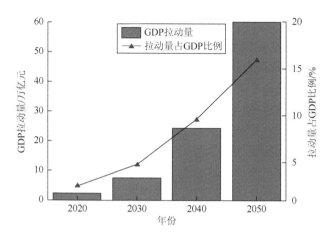

图 5.8 老龄产业对 GDP 拉动情况估算

从产业结构来看,老龄产业对第二产业 GDP 的拉动作用最大,占所有产业拉动总量的 38%。其中对食品及酒精饮料拉动作用最为明显,占所有产业拉动总量的 12.49%。老龄产业对第三产业 GDP 的拉动量也很可观,占所有产业的 35%,其中拉动作用较大的行业为交通运输及仓储业、批发和零售业以及住宿和餐饮业。老龄产业对第一产业 GDP 的拉动作用最小,占所有行业拉动量的 27%,受拉动作用较大的行业为基础性供给行业,如农林牧渔业等(图 5.9)。

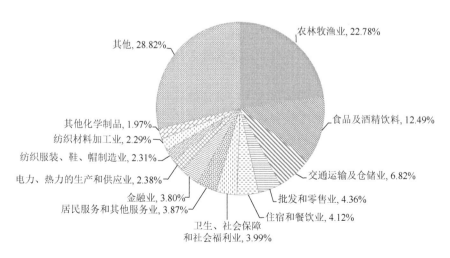

图 5.9 老龄产业对 GDP 拉动的部门分布

5.4　小　　结

我国已进入人口老龄化快速发展时期。与发达国家相比，我国人口老龄化具有"速度快、规模大、峰值高、发展不均衡"的特点。我国人口老龄化与经济发展水平并不同步，"未富先老"现象严重。在综合国力尚不发达的情况下，老龄化的匆匆到来，给我国社会、经济公共卫生等带来了非常严峻的挑战。但是，老龄化不仅仅意味着挑战，也是一种发展机遇。老龄人口的迅速增长意味着对老龄产业需求的增长。伴随着我国人民收入日渐增长，老年人的消费力也逐年增强，老龄产业相关的新兴市场将拉动社会服务产业链的巨大发展，成为扩大内需、催生新型产业、增加就业、推动经济转型升级的一个重要支点。在此背景下，本章基于投入产出分析和数量经济模型测算了2016～2050年我国老龄产业的规模及其对经济的带动效应并基于测算结果提出了我国未来应对人口老龄化的政策建议。

老年人消费规模的估算结果显示，未来我国老年人消费规模会显著增加。在高速增长情景下，我国老年人消费规模在2020年、2030年、2040年和2050年分别为3.1万亿元、13.6万亿元、58.2万亿元和188.1万亿元；在中速增长情景下，我国老年人消费规模在2020年、2030年、2040年和2050年分别为2.6万亿元、8.8万亿元、28.7万亿元和70.8万亿元；在低速增长情景下，我国老年人消费规模在2020年、2030年、2040年和2050年分别为2.2万亿元、5.6万亿元、13.9万亿元和25.9万亿元。

老龄服务产业需求估算结果显示，未来老年人口对我国老龄服务产业的需求规模显著增加，到2050年规模将达到9993亿元。其中在2040年之前，对康复护理的需求占老龄服务产业总需求的比例均为最高，但到2050年，对家政服务的需求一跃成为最高，占老龄服务产业总需求的33%。对于老龄服务产业各部分需求具体估算结果如下。

（1）老年餐桌和家政服务需求：中国老龄科学研究中心的调查数据显示，城市老年人需要家政服务和老年餐桌的比例分别高达58%和49%。特别是空巢老人对家政服务和老年餐桌的需求比例更高。我们的估算结果表明，未来对老年餐桌和家政服务的需求将增加到2050年的2121亿元和3261亿元。

（2）医疗卫生服务需求：根据中国发展研究基金会"北京市老龄产业发展状况"项目的调查数据，估算2020年、2030年、2040年和2050年我国老年人对医疗卫生服务的需求规模分别为746亿元、1046亿元、1446亿元和1504亿元。

（3）康复护理需求：2013年，城乡部分失能和完全失能老年人口数量已经超过3700万人，随着我国人口老龄化和高龄化趋势的继续发展，失能老年人不断增多，康复护理市场的潜在需求不断增长。中国老龄科学研究中心的调查数据显示，中国城乡老年人当中需要康复治疗的需求比例为 36.5%，需要上门护理服务的比例为 36.9%；其中农村老年人对上门护理和康复治疗的需求比例更高，分别为 47.7% 和 45.9%。除此之外，对护理型养老服务机构需求也不断增长。中国老龄科学研究中心的调查数据显示，中国完全失能老年人口占老年人口的比例为 6.8%，其中愿意入住养老机构的比例为 16.6%。假设老年人口的完全失能比例和入住养老机构意愿的比例不变，根据我们对未来老龄人口的估算结果以及入住养老机构的平均花费，可以推算出老年人对康复护理的需求到 2050 年将达到 3107 亿元。

老龄产业对 GDP 的拉动情况估算结果显示，在中速增长情景下，2020 年，由老龄消费市场拉动的 GDP 总额为 2.2 万亿元；2030 年和 2040 年的 GDP 拉动量分别为 7.4 万亿元和 24.3 万亿元；到 2050 年，拉动量增加至 59.8 万亿元。按粗略估算的 GDP 计算，到 2050 年，我国老龄市场对 GDP 的拉动量将达到 GDP 的 16% 左右。从产业结构来看，老龄产业对第二产业 GDP 的拉动作用最大，占所有产业拉动总量的 38%。其中对食品及酒精饮料拉动作用最为明显，占所有产业拉动总量的 12.49%。老龄产业对第三产业 GDP 的拉动量也很可观，占所有产业的 35%，其中拉动作用较大的行业为交通运输及仓储业、批发和零售业以及住宿和餐饮业。老龄产业对第一产业 GDP 的拉动作用最小，占所有行业拉动量的 27%，受拉动作用较大的行业为基础性供给行业，如农林牧渔业等。

5.5　建　　议

（1）建议政府制定老龄产业发展规划，在不同的阶段制定不同的支持政策促进老龄产业发展，以满足日益增长的老龄产业消费需求。据全国老龄工作委员会办公室统计，2020 年我国每年为老年人提供的产品和服务不足 1000 亿元，远低于本章测算出的老年人的需求规模。为满足未来老年人日益增长的消费需求，政府需要在统筹考虑老年人群体消费水平和经济社会发展现状的基础上制定老龄产业发展规划，积极引导、整合和利用现有社会资源发展老龄产业。以日本为例，日本的老龄产业发展曾经历了四个阶段（20 世纪 70 年代的"萌芽期"，20 世纪 80 年代的"形成期"，20 世纪 90 年代的"成长期"以及 2000 年后的"扩张期"），在每个阶段政府都出台了不同的支持政策来促进老龄产业发展。我国老龄产业的发展现状与 20 世纪 70 年代的日本相似，当时日本进入老年型社会不久，长期以来由政府部门所承担的社会福利事业日益不能满足老年人的需求而一些中小企业等急欲进入老龄市场首先瞄准的便是机构养老事业。对此日本政府经历了从"允许""放开"到"扶持"的过程，最终使得市场机制成为解决养老问题的主要手段。

（2）支持民营资本参与养老产业，充实养老资源，以满足我国未来巨大的养老需求。建议政府给予政策支持与引导，尽可能为民营养老机构提供土地和税收上的优惠政策。可以减少对民营养老机构收取相关行政事业性收费，在用水、用电、用气等方面提供优惠措施，根据营业规模和营业时间按比例提供床位补贴等。此外，民营养老机构在人才招聘上存在劣势，出于"编制"和保障等因素的考虑，医务人员和管理人员往往更倾向于选择进入公立养老机构。针对此问题，可以考虑将民营养老机构的工作人员也纳入编制管理，在民营和公立医院之间可以自由流动，职称晋升不受影响，退休待遇不受影响，以减少医务人员和管理人员进入民营养老机构的后顾之忧。

（3）加大政策推进力度，促进家政服务行业规范化、标准化发展。本章的测算结果表明，家政服务行业是老龄服务产业的最重要的组成部分之一，未来老年人对家政服务行业的需求量会达到一个相当大的规模。然而，我国目前的家政服务业不论是数量还是质量，都不能满足老年人的需求。建议政府加强家政服务业的规范化建设。一是要在现有政策法规的基础上，进一步健全、完善相关管理制度，规范与健全家政服务行业准入标准、用工制度及服务质量要求，拟订、实施有关从业人员管理费收取、劳动报酬的指导价格标准。二是积极扶持家政企业，建立、健全保障机制，使家政企业、家政服务人员和用人客户解除家政服务后顾之忧。另外，还应建立从业人员培训机制，提高服务专业化水平。建议对家政从业人员开展不同职业类别、不同职级的培训，以适应家政服务多样化、个性化趋势，满足不同层次家庭服务需求。推进家政服务员培训与持证上岗挂钩制度，促进家政行业职业化发展。

（4）提高老龄产业产品和服务质量、开拓老年人消费市场。本章的测算结果表明，老年人消费市场对经济的拉动量是可观的，只有以优质的服务质量为基础，恰当引导老年人消费，才有可能使老龄产业成为人口老龄化大趋势下新的经济增长点。随着生活水平的日益提高，老年人可自由支配收入增加，消费力也逐年增强。开拓老年人的消费市场的关键就在于能否提供优质的服务，充分挖掘出其中的潜力。建议从两个方面刺激老年市场的消费需求：一是从我国老年人的经济承受力和现实需求出发，家庭服务业和健康服务业应是近期优先发展的重点行业，企业应结合老年人特有的生理、心理特点及市场需求制定体现老年特色的产品开发策略；二是鉴于老年人群体的异质性和多样性，要正确引导老年人消费习惯和消费行为，产品和服务也要方便化、舒适化和保健化。

（5）建设专业化的养老人才培训体系，为养老产业提供专业化人才。目前我国养老护理工作行业工资偏低、工作强度大、福利较少、社会地位低，导致养老护理员流动性大、队伍不稳定。针对这个问题，我们建议从政府层面上推动建立养老护理人才培训体系。一方面加强学校对养老服务专业人才的培养；另一方面还要把在社会上已经就业的相关人才，进行养老服务培训后转为养老专业人才。在培养养老服务专业人才时，可以像师范生一样，通过免除学费或制定相关政策，去鼓励学生报考养老相关专业，或者由一些养老机构给学生开设奖学金或助学金或提前签署就业协议，提升学生专业选择的积极性。此外，还建议政府投入资金补贴提高养老人才的薪酬待遇，并积极打通养老服务专业人才在职称评定方面的通道，促进养老服务人员职称和医疗职称的贯通，真正吸引并留住专业人才。

第6章　我国居民收入差距影响因素分析及基尼系数预测

6.1　研　究　背　景

6.1.1　我国居民收入差距变化与基尼系数

改革开放以来，我国居民收入大幅增长，人民物质生活水平和文化生活水平显著提高。但由于改革开放初期，鉴于当时的历史条件和社会环境，国家倡导和遵循"一部分地区、一部分人可以先富起来，以带动和帮助其他地区、其他的人，逐步达到共同富裕"的政策。从20世纪末，我国居民收入的差距显现出迅速拉大的现象。

我国收入差距的变化与我国的收入分配制度密切相关。1987年党的十三大第一次提出"以按劳分配为主体、其他分配方式为补充"的分配制度，允许非劳动收入作为分配的一种社会主义的形式存在。至此，我国的收入差距从计划经济体制下的过度平均，逐步走向以市场经济为主导的多种手段调节的正常发展轨道。1992年党的十四大报告指出："经济体制改革的目标，是在坚持公有制和按劳分配为主体、其他经济成分和分配方式为补充的基础上，建立和完善社会主义市场经济体制。"1997年党的十五大报告首次提出"把按劳分配和按生产要素分配结合起来""允许和鼓励资本、技术等生产要素参与收益分配"。党的十九届四中全会第一次把"公有制为主体、多种所有制经济共同发展，按劳分配为主体、多种分配方式并存，社会主义市场经济体制"共同明确为我国社会主义基本经济制度。这些制度的实施促进和实现了我国经济的高速发展、人民生活水平的提高。由此也极大地拉大了收入的差距。

基尼系数（Gini coefficient）社会经济意义是指：在全部居民收入中，用于进行不平均分配的那部分收入占总收入的百分比。作为一个反映国民总体收入差距状况、判断收入分配公平程度的指标，其值的大小直接反映了我国居民收入差距的状况。基尼系数值越大，说明收入差距也越大。国际上普遍认为，基尼系数在 0.3以下属于收入差距低，在0.3～0.4属于收入差距等级为中，0.4为收入差距过大的警戒线水平。这个数值可以较客观、直观地反映和监测居民之间的贫富差距，预报、预警和防止居民之间出现贫富两极分化，因此得到世界各国的广泛认同和普遍采用。在我国也具有"相应"的适用性。

我国居民收入的基尼系数从 1986 年的 0.297 迅速攀升到 2008 年的 0.491，到

2010 年更是疯狂到达为 0.61。短短 25 年的时间，我国的收入差距已远远超出国际上公认的警戒线水平。收入分配的不平衡，逐渐引起社会各方面的广泛关注，乃至党和国家领导层的高度重视。2007 年党的十七大充分认识到了收入差距过大，将会潜在和衍生新的社会问题和引起新的社会矛盾的现实，提出和强调要始终把实现好、维护好、发展好最广大人民的根本利益作为党和国家一切工作的出发点和落脚点，尊重人民主体地位，发挥人民首创精神，保障人民各项权益，走共同富裕道路，促进人的全面发展，做到发展为了人民、发展依靠人民、发展成果由人民共享[①]。从 2011～2022 年，我国的收入差距呈现出了下降趋势。

根据国家统计局公布的收入分组数据，2000～2014 年，我国城市和农村的高收入人群与低收入人群的收入差距，分别从 3.6 倍和 6.47 倍扩大到了 5.5 倍和 8.65 倍。但城镇高收入组和农村低收入组的收入差距近几年却在逐步缩小。主要影响我国基尼系数的是城乡间的收入差距。近几年来，随着劳动力的短缺、农民外出打工的数量不断增加、低端劳动力工资收入不断上涨，城乡收入差距已明显下降。根据国家统计局公布的结果，我国人均收入的基尼系数自 2011 年以来一直处于下降趋势。2015 年持续降低为 0.462。尽管如此，远超警戒线水平的这一数值，仍引起社会各界、政府部门的高度重视，尤其是自 2015 年以来我国经济下行压力明显加大，居民收入差距对经济社会稳定发展的影响从而也备受关注。

我国现阶段收入差距依然较大，这已成为一个突出的社会和经济问题。控制城乡居民收入差距，已经是当前发展面临的紧迫任务。"下猛药"采取措施缩小居民收入差距，使我国经济发展能够与居民收入的和谐增长保持平衡性和持续性，是构建和谐中国的历史抉择和必然要求。鉴于此最值得关注的问题是：导致收入差距缩小或扩大的因素有哪些？收入差距在我国的发展趋势如何？影响收入差距的因素如何通过政策手段加以控制？本章将基于 1981 年以来的年度经济指标，对这些问题进行测算和分析，并基于测算结果提出相关的政策建议。

6.1.2　基尼系数相关研究综述

基尼系数于 1921 年由意大利经济学家 Corrado Gini（科拉多·基尼），在美国经济学家 Max Otto Lorenz（马克斯·奥图·洛伦茨）1905 年提出的洛伦茨曲线（Lorenz curve）的基础上提出来的，一个用以衡量一个国家或者一个社会单位，收入分配平均程度的宏观经济指标。它本身的计算不考虑社会的经济结构。其提出的背景为 20 世纪初期的意大利，当时的社会经济状况和发展水平，与现阶段我国的社会经济发展水平有较大的差距；而且我国是典型的二元经济结构体，与西方国家的一元经

---

① 高举中国特色社会主义伟大旗帜　为夺取全面建成小康社会新胜利奋斗，http://www.npc.gov.cn/zgrdw/npc/xinwen/szyw/zywj/2007-10/25/content_373528.htm[2007-10-15]。

济结构存在较大差距。因此有关基尼系数在我国的适用性一直存在较大争议。

我国已有许多学者对基尼系数在我国的适用性进行了研究。丁冰（2007）的研究结果指出，基尼系数并没有把我国贫富差距的严重程度充分刻画出来，但是可以在一定程度上对我国的收入层面的差距给出相对科学的分析。张君施（2010）指出了基尼系数的局限性，但是此局限性与我国的经济结构和发展情况无关，是由基尼系数本身的定义决定的。朱博（2014）从基尼系数的定义出发指出基尼系数在我国的适用性是值得肯定的。同时也指出，尽管根据现有数据计算出的基尼系数和实际的收入差距有一定的偏差，但这是数据的问题，而且任何的调查方法，给出的调查数据都不可能完全揭示真实的收入情况，在我国如此，在西方发达国家也是如此。故由此否定基尼系数在我国的适用性是不正确的。我们认为：尽管基尼系数的定义及其在我国的适用性存在一定的缺陷，但目前它仍是衡量我国现阶段居民收入差距的良好指标。

基尼系数的理论数值可由收入的密度函数或者分布函数导出。对收入分布的假设可直接影响基尼系数的计算结果。有关这方面的研究可参见程永宏（2007）和 Chen 等（2010）。目前对收入分布的假定，最常用的为对数正态分布，Crow 和 Shimizu（1988）中给出了假定对数正态分布下基尼系数的理论计算公式。其他常用的分布有：Gamma 分布、Pareto（帕累托）分布、Beta 分布、Pareto-Lognormal Income（帕累托-对数收入）分布（三参数）、第二类广义 Beta 分布（四个参数）。以上模型中的各个参数，可利用极大似然估计法或者广义矩估计法（generalized method of moments，GMM）来估计（Griffiths and Hajargasht，2015）。Wu 和 Perloff（2004）利用信息熵的估计方法，分别估计了城镇、农村和城乡混合的收入分布（数据区间为 1985～2001 年）。Mukhamediyev 等（2018）在对数正态分布的假定下，对哈萨克斯坦 2019～2020 年的基尼系数进行了预测。

而实际应用中，收入分布的具体密度函数是未知的，因此洛伦茨曲线无法直接得到。在这种情况下，只能给出基尼系数的估计值，估计方法可参见文献 Jasso（1979）和 Firebaugh（2003）。Chen 和 Hou（2008）中给出了利用国家统计局公布的分组数据估计我国基尼系数的方法。Nishino 和 Kakamu（2011）利用日本公布的次序统计量数据，基于对数正态分布计算了日本的基尼系数。Ghosh 等（2011）研究了基于混合对数正态分布的基尼系数的计算公式。李实和罗楚亮（2007）在考虑我国城乡居民生活费用差距和各类隐形补贴后，对我国居民收入差距的基尼系数进行了重新估算，计算出的基尼系数明显高于国家统计局公布的基尼系数。

我国学者在利用宏观和微观调查数据进行收入差距测算的同时，也进行了收入差距的影响因素分析。陈宗胜（1999）研究了体制改革对基尼系数扩大的影响。徐永发（2005）从三个方面分析了改革开放以来我国收入差距不断扩大的主要影响因素。罗楚亮（2006）指出，在城乡分割的社会体制下，居民身份对收入差距起着至关重要的影响作用。宋大力（2006）、熊琴（2006）、张晓立等（2007）分别从城镇化水平、体制转型、社会保障制度等多个方面，对影响收入差距的因素做了分析。Rebelo（1991）、Meng 和 Zhang（2001）分析了公共投资和教育医疗等社会资本对收入差距的影响。吴耀（2006）、赵兴罗（2007）、王萌（2008）从税收和社会保障等方面，分析了影响基尼系数的主要因素，并给出了相关的政策建议。杜胜利（2007）分析了受教育程度、个人的专业技术素质对收入差距的影响。朱博（2014）通过回归分析，刻画了人均 GDP 和收入差距之间的关系，通过经济增长、产业结构、对外开放、政府财政支出和个人发展五个方面，分析了影响收入差距的主要因素，并给出了相应的政策建议。

目前关于我国收入差距的研究主要集中在以上几个方面，然而对我国未来收入差距走势的预测研究较少。国外学者在这方面优先于我们并值得借鉴的研究方法，主要分为两类：一类是首先假定收入的分布密度函数，通过预测密度函数中的参数取值，得到未来的收入分布，进而计算得到基尼系数。另一类是直接预测各个单位（国家或地区）未来的总体人均收入，然后基于预测的收入数值，采用近似的方法得到基尼系数。Mukhamediyev 等（2018）基于对数正态分布和收入与消费的关系，利用微观的入户调查数据，预测了 2019 年和 2020 年的哈萨克斯坦的基尼系数。Hellebrandt 和 Mauro（2015）利用 2014～2035 年占世界经济主体的一百多个国家的入户调查数据，对未来各国的人均收入进行了预测。Hillebrand（2009）利用世界银行发布的各国未来人均 GDP 的预测，通过回归模型估计了 2050年全球人均 GDP 的洛伦茨曲线。

6.2　我国收入分布的估计方法

本节采用三参数的对数正态分布，利用国家统计局公布的分组数据和中国家庭收入调查（Chinese household income project survey，CHIP）数据，分别对我国的收入分布进行了推断。通过对比同年两组数据得到的收入分布的拟合结果，验证了我国收入服从三参数对数正态分布假定的有效性，并利用分组数据推断我国收入分布的科学性和准确性。

三参数对数正态分布的密度函数为

$$f(y) = \frac{1}{\sigma\sqrt{2\pi}(y-\gamma)}\exp\frac{(\ln(y-\gamma)-\mu)^2}{2\sigma^2}, y > \gamma \tag{6.1}$$

其中，y 为某个家庭的人均收入；γ 为截距参数；μ 为对数均值；σ 为对数方差。

假设我国的城镇、农村和城乡混合的收入分布密度函数均服从式（6.1）。为了得到收入分布密度函数的具体表达式，需要利用抽样数据对式（6.1）中所涉及的参数进行估计。本节首先利用 2008 年的 CHIP 数据，利用极大似然估计法，对以上三个参数进行了估计，得到了 2008 年我国城乡收入的密度函数。

　　CHIP 数据中有效的调查数据包括城镇家庭共 4070 户，农村住户 8007 户。先对数据进行预处理，根据调查的个人年收入数据（城镇内可支配收入）计算每户的年收入总数，除以每户的常住人口得到人均年收入。利用三参数对数正态分布，拟合住户人均收入的分布密度函数，并得到其对应的 QQ 图（图 6.1）。类似地，可以得到 2008 年我国农村家庭的收入分布密度函数。为了得到我国城乡汇总的收入分布的密度函数，按照 2008 年的城镇化率 47%，分别从城镇和农村的调查数据中抽取一定比例的样本，汇总成城乡收入数据，进而得到下面的城乡收入分布的密度函数和 QQ 图（图 6.1）。

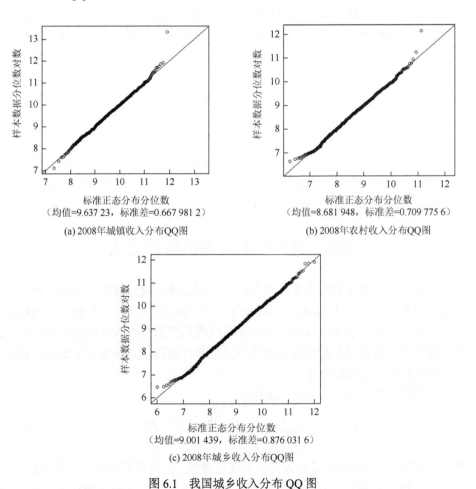

图 6.1　我国城乡收入分布 QQ 图

图 6.1 显示，利用三参数的对数正态分布拟合我国的人均收入，具有较好的拟合效果。可惜的是 CHIP 数据并没有连续逐年进行调查，因此无法得到我国每年的收入分布情况。为此，本节考虑利用国家统计局公布的分组数据对三参数对数正态分布中的参数进行估计。

6.2.1　利用城乡混合可支配收入的分组数据进行参数估计

国家统计局在统一了城乡收入的调查口径后，公布了 2013～2015 年的城乡混合可支配收入，分五组的数据和新口径下计算的基尼系数。基尼系数的计算完全依赖于洛伦茨曲线，而洛伦茨曲线的定义是由收入分布完全确定的。因此，基尼系数的值也可以作为估计密度函数中参数的条件。本节利用国家统计局公布的城乡分五组的可支配收入数据和基尼系数，对我国居民整体的收入分布进行估计，估计方法如下所述。

（1）利用分组数据求出全国人均收入的均值 $\text{Income}_{\text{mean}}$。三参数对数正态分布的均值表达式为

$$y_{\text{mean}} = \exp\left(u + \frac{1}{2}\sigma^2\right) + \gamma \tag{6.2}$$

由此可得公式：

$$\text{Income}_{\text{mean}} = \exp\left(u + \frac{1}{2}\sigma^2\right) + \gamma \tag{6.3}$$

（2）基于收入分布式（6.1）计算的理论基尼系数表达式为

$$\text{Gini}_{\text{theoritical}} = \frac{2\Phi(\sigma/\sqrt{2}-1)\exp(\mu+\sigma^2/2)}{\lambda + \exp(\mu+\sigma^2/2)} \tag{6.4}$$

由此可得公式

$$\text{Gini} = \frac{2\Phi(\sigma/\sqrt{2}-1)\exp(\mu+\sigma^2/2)}{\lambda + \exp(\mu+\sigma^2/2)} \tag{6.5}$$

其中，Gini 为国家统计局公布的基尼系数；Φ 为正态分布的分布函数。

（3）根据国家统计局公布的可支配收入的分组数据，可得我国分五组的平均收入数据 $w_i(i=1,2,\cdots,5)$。根据收入分布的密度函数可得

$$\tilde{w}_i = \int_{Q_{i-1}}^{Q_i} yf(y)\mathrm{d}y \tag{6.6}$$

其中，$\tilde{w}_i$ 为理论上的我国分五组的各组收入的均值；Q_i 为三参数对数正态分布的 $0.2i$ 分位数，$i=1,2,\cdots,5$，满足如下：

$$\int_{Q_{i-1}}^{Q_i} f(y)\mathrm{d}y = 0.2 \quad i=1,2,\cdots,5，其中 Q_0 = 0 \tag{6.7}$$

可以通过迭代的算法利用国家统计局公布的分组数据 $w_i(i=1,2,\cdots,5)$ 估计收入分布密度函数中的参数 μ、σ 和 γ。具体迭代方法为：给定 γ 的初值 γ_0（也可给定其他两个参数中任意一个的初值），通过式（6.3）和式（6.5）得到 μ_1、σ_1；将 γ_0、μ_1、σ_1 代入式（6.1）得到各个分位数 Q_i，并计算得到 $\tilde{w}_i$，通过式（6.8）的极值给出参数 γ 的更新值 γ_1：

$$\min_{\gamma} \sum_{i=1}^{5}(w_i - \tilde{w}_i)^2 \qquad (6.8)$$

如此迭代 m 次，直到三个参数的值均达到预定的收敛精度。

6.2.2 利用城镇分七组的可支配收入数据和农村分五组的纯收入数据进行参数估计

国家统计局在 2002~2012 年，对城镇和农村的收入调查采取了不同的调查口径，因此公布的数据也是城镇和农村分别的分组收入数据。在 2014 年，国家统计局采取新方法对历年旧数据进行处理，对原始不同口径的调查数据进行了调整，使得城乡混合数据具有了相同的统计口径，并依据新处理的数据计算出了基尼系数。但是原始调查数据和具体的处理细节我们无法获得，这就给我们推断城乡混合的收入分布带来了困难。

Chen 等（2010）指出，计算我国年度基尼系数的一大难题就是数据问题。其利用 Li（2003）中给出的，基于分组数据的对数正态分布参数估计的办法，分别得到城镇和农村的收入分布密度函数，然后按城镇化率抽样得到城乡全体样本，进而得到城乡混合的密度函数中参数的估计。然而，Li（2003）中给出的方法适用于区间数据，对国家统计局公布的分组数据的适用性有待考证。此外 Li 等（2008）也研究了利用分组数据的对数正态分布参数估计方法，这种方法适用于次序统计量数据，与 Li（2003）中的方法相比，相对更适合国家统计局公布的分组数据。

本章针对现有分组数据特征提出了新的参数估计方法，基于此得到了城镇和乡村各自的收入分布密度函数，利用 Chen 等（2010）中的方法将两组抽样样本混合，得到城乡混合样本。然后利用局部极大似然估计法，得到城乡混合收入分布密度中参数估计的置信区间，并在置信区间内寻找最优解使所计算出的基尼系数和国家统计局公布的结果尽可能地接近。具体估计方法如下。

（1）利用分组数据求出城镇（或农村）人均收入的均值 Income.urban$_{\text{mean}}$，得

$$\text{Income.urban}_{\text{mean}} = \exp(u + \frac{1}{2}\sigma^2) + \gamma \qquad (6.9)$$

（2）给定 μ,σ 的初值 μ_0,σ_0，通过式（6.9）得到 γ_1，将 γ_1,μ_1,σ_0 代入式（6.1）

得各个分位数 Q_i，并计算得到 $\tilde{w}_i$，通过下式的极值给出参数 μ_0, σ_0 的更新值 μ_1, σ_1：

$$\min_{\mu,\sigma} \sum_{i=1}^{5} (w_i - \tilde{w}_i)^2 \tag{6.10}$$

如此迭代 m 次，直到三个参数的值均达到预定的收敛精度。所得参数估计即城镇居民收入分布密度函数中的参数值。同理可得农村居民收入的分布密度函数。

（3）从所得密度函数中按照当年的城镇化率抽取等比例的样本，混合得到全国居民收入的抽样数据，记为 X_{income}。基于抽样数据 X_{income} 可利用局部极大似然估计法得到城乡混合的居民收入分布密度函数中参数的置信区间，分别记为 (μ_L, μ_R)，(σ_L, σ_R)，(γ_L, γ_R)。

（4）从分组数据按城镇化率计算我国总体的人均收入，并从置信区间 (μ_L, μ_R)，(σ_L, σ_R) 中搜取最优的 μ, σ 使得式（6.3）成立，且使得 $\mathrm{Gini}_{\mathrm{theoritical}}$ 与国家统计局公布的 Gini 系数值最接近。

下面给出了利用上述方法得到的我国城镇和城乡混合的收入分布密度函数图（图 6.2）。图 6.2 显示所给估计方法与基于 CHIP 和非参数估计法得到的密度函数的曲线近似效果良好，从而验证了三参数对数正态分布的假定和所给估计方法的有效性。而所给的估计方法中，已经考虑了基于对数正态分布计算的基尼系数和国家统计局公布的基尼系数的近似程度，因此基于所估计的密度函数计算出的基尼系数与国家统计局公布的结果非常接近，绝对误差平均在 0.001 以内。表 6.1 中给出了 2002 年至 2015 年利用分组数据得到的我国城乡收入分布的参数估计值和基尼系数。

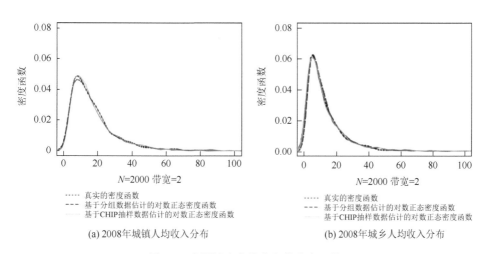

(a) 2008年城镇人均收入分布　　　　　(b) 2008年城乡人均收入分布

图 6.2　我国城乡人均收入的分布函数

表 6.1　利用分组数据得到的我国城乡收入分布的参数估计值和基尼系数

年份	对数均值	对数方差	截距参数	基尼系数
2002	1.275 004	0.888 763	0.169 268 077	0.453 968
2003	1.115 045	1.055 096	0.711 902 703	0.478 846
2004	1.206 324	1.071 702	0.995 949 558	0.473 039
2005	1.195 241	1.172 988	1.404 714 095	0.485 011
2006	1.436 619	1.107 688	1.171 375 112	0.487 209
2007	1.742 007	1.030 088	0.822 269 500	0.484 085
2008	1.861 493	1.055 624	1.162 681 663	0.491 351
2009	2.070 532	0.989 147	0.769 528 843	0.490 146
2010	2.232 507	0.968 267	0.683 706 520	0.480 776
2011	2.390 651	0.967 907	0.846 928 538	0.476 968
2012	2.520 678	0.965 110	0.938 279 786	0.474 060
2013	2.415 460	0.997 309	1.906 607 637	0.472 761
2014	2.574 459	0.954 003	1.546 690 368	0.469 210
2015	2.655 080	0.949 794	1.748 868 965	0.462 131

6.3　我国基尼系数走势预测

为了预测我国未来的基尼系数,首先要对我国居民的收入分布进行预测。假设未来经济运行平稳,国家没有出台对收入分配影响较大的政策,没有发生重大的自然灾害和战争。在这种情况下,仍可假设未来我国的收入分布服从三参数对数正态分布。根据历史数据拟合的 2002~2015 年的收入分布密度函数的变化趋势较为明显,我国收入的均值 x_{mean}、众数 x_{mode} 和中位数 x_{media} 一直呈明显的递增趋势。这三个有实际含义的统计量与我国的人口总量和劳动力总量存在明显的协整关系。因此我们可以人口总量和劳动力总量或其滞后项为解释变量,为 x_{mean}、x_{mode}、x_{media} 建立回归模型。而 x_{mean}、x_{mode}、x_{media} 两两高度相关,普通的线性回归无法捕捉这一相关结构,可考虑建立 SUR(seemingly unrelated regressions,似不相关回归)模型来刻画它们彼此之间的相关性及分别与解释变量之间的关系。具体建模方法如下所述。

首先根据估计的收入分布密度函数得到我国收入的总体均值,众数和中位数(单位均为千元):

$$x_{\text{mean}} = \exp\left(u + \frac{1}{2}\sigma^2\right) + \gamma,$$
$$x_{\text{mode}} = \exp(u - \sigma^2) + \gamma, \qquad (6.11)$$
$$x_{\text{media}} = \exp(u) + \gamma$$

构建 SUR 回归方程如下：

$$x_{\text{mean}} = \beta_{\text{mean}0} + \beta_{\text{mean}1}L(\text{lab}, \text{lag}_1) + \beta_{\text{mean}2}L(\text{pop}, \text{lag}_2) + \varepsilon_{\text{mean}}$$
$$x_{\text{media}} = \beta_{\text{media}0} + \beta_{\text{media}1}L(\text{lab}, \text{lag}_1) + \beta_{\text{media}2}L(\text{pop}, \text{lag}_2) + \varepsilon_{\text{media}} \qquad (6.12)$$
$$x_{\text{mode}} = \beta_{\text{mode}0} + \beta_{\text{mode}1}L(\text{lab}, \text{lag}_1) + \beta_{\text{mode}2}L(\text{pop}, \text{lag}_2) + \varepsilon_{\text{mode}}$$

其中，$\text{lab} \triangleq \log$ （劳动力总量）；$\text{pop} \triangleq \log$ （人口总量）；$L(\text{pop}, \text{lag})$ 为 pop 的滞后 lag 阶，各个回归方程的误差项独立同分布，但是不同回归方程之间具有相关性。模型最后通过逐步变量选择确定 $\text{lag}_1 = 0$，$\text{lag}_2 = 1$。采用 SUR 模型估计方法得到模型的参数估计，模型拟合效果良好。参数估计和系数的显著性检验结果见表 6.2。

表 6.2　参数估计结果和显著性检验

回归方程	截距	$L(\text{lab}, \text{lag}_1)$ 估计	$L(\text{lab}, \text{lag}_1)$ p 值	$L(\text{pop}, \text{lag}_2)$ 估计	$L(\text{pop}, \text{lag}_2)$ p 值	调整后的 R^2
mean	−3 219.15	−425.17	0.000 122	678.79	7.36×10^{-7}	0.991 2
mode	−938.75	−213.46	2.45×10^{-9}	283.10	4.98×10^{-11}	0.997 4
media	−2 107.56	−365.59	8.85×10^{-6}	527.41	1.06×10^{-7}	0.991 9

利用 2002～2024 年我国人口总量和劳动力总量的预测值，可从式（6.12）求得相应的收入均值、众数和中位数，见图 6.3。图 6.3 中，●为利用历史分组收入数据估计的参数值计算出的收入的均值、众数和中位数，▓为利用式（6.12）得到的相应结果。可见，式（6.12）拟合效果令人满意。利用式（6.11）可反解出对数正态分布中三个参数的数值，由此得到 2002～2024 年我国居民收入的分布密度函数，并由式（6.4）计算得基尼系数。利用式（6.11）得到的基尼系数的拟合结果和预测结果如图 6.4 所示。图 6.4 中，●为国家统计局公布的基尼系数，▓为利用回归模型求得参数估计值后计算出的基尼系数。图 6.4 显示所给方法计算出的基尼系数与国家统计局公布的基尼系数非常接近。预测结果显示：未来到 2025 年我国基尼系数总体仍呈下降趋势，但最低值是 0.443。这一系数仍显著高于国际警戒线水平的 0.4，收入差距显然仍过大。

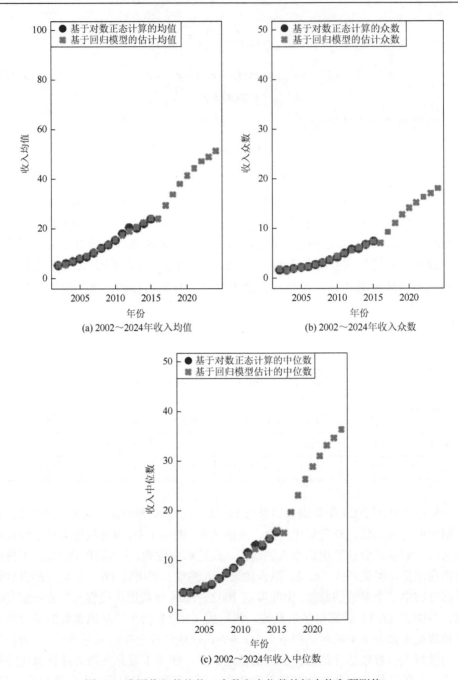

(a) 2002～2024年收入均值　　　　(b) 2002～2024年收入众数

(c) 2002～2024年收入中位数

图 6.3　我国收入的均值、众数和中位数的拟合值和预测值

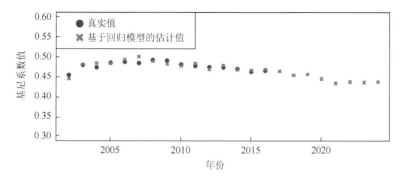

图 6.4　我国收入分布的基尼系数的拟合和预测结果

6.4　主要结果及分析

6.4.1　倒"U"形曲线的验证

　　城乡居民收入差距扩大是世界各国工业化与城市化进程中普遍存在的一种现象。库兹涅茨(Kuznets)于 1955 年提出了著名的收入分配差距的倒"U"形理论,即收入分配不均等程度在经济增长的初期、中期及后期分别呈上升、稳定及下降态势(Kuznets,1955)。倒"U"形曲线是对收入差距与经济增长关系的直观描述,即长期看来,随着一个国家的经济发展,该国的收入差距会呈现先增大后减小的趋势。西方一些经济学家对这一理论进行了广泛的研究,普遍认为倒"U"形曲线在世界上大多数国家的经济发展过程中是存在的。

　　但是由于我国的二元经济结构和西方国家存在很大差异,且经济发展水平和社会体制也有根本的不同,因此我国很多学者对倒"U"形曲线在我国的经济发展中是否存在有较大疑义。陈宗胜(1991)、王小鲁和樊纲(2005)、周云波(2009)等肯定了倒"U"形曲线在我国的存在性。朱博(2014)利用 1999~2013 年的数据,以人均 GDP 为解释变量,以基尼系数为被解释变量,通过二次回归方程验证了倒"U"形曲线在我国的适用性。魏君英等(2015)利用 2012 年的地区截面数据以城乡收入的绝对差为被解释变量展现了我国的倒"U"形曲线的特征。本章参照朱博(2014)中的方法,利用 2002~2015 年的数据验证我国现在已明显处于倒"U"形曲线的右方。

　　选取 1991~2015 年的人均 GDP 和国家统计局公布的基尼系数构造如下回归模型:

$$\text{Gini} = c + a\text{GDP} + b\text{GDP}^2 + \varepsilon \qquad (6.13)$$

其中，c 为常数项；ε 为随机误差项，且服从标准正态分布，即 $\varepsilon \sim N\,(0,1)$。

回归模型的估计结果显示，GDP 的回归系数为正，而其平方项系数为负。图 6.5 显示了回归拟合值和真实值与 GDP 的关系，"+" 为真实基尼系数，"○" 为式（6.13）的拟合值。我国现在已显著处于倒 "U" 形曲线的下降阶段。因为有了新的数据，这个结果显示的倒 "U" 形曲线特征较朱博（2014）中的更为明显。式（6.13）的其他结果见表 6.3。

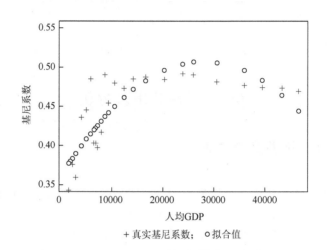

图 6.5　人均 GDP 和基尼系数的关系

表 6.3　式（6.13）回归结果

项目	估计	标准差	t 值	p 值
截距项	3.602×10^{-1}	1.429×10^{-2}	25.212	$<2 \times 10^{-16}$
一次项	1.045×10^{-5}	1.842×10^{-6}	5.672	1.05×10^{-5}
二次项	-1.857×10^{-10}	4.000×10^{-11}	-4.643	0.000 126

调整后的 R^2：0.6372
F 统计值：22.07 [自由度：(2, 22)]，p 值：5.507×10^{-6}

6.4.2　我国基尼系数的影响因素分析

过大的基尼系数不仅会阻碍经济的健康发展，更会给构建和谐社会带来潜在的不利因素和极大的阻碍。缩小收入差距是政府和社会各界共同的愿望。

本节选取了国家统计局公布的各项年度指标，着力寻找有利于降低我国基尼系数的因素，从而提出相关的政策建议以促进收入差距进一步缩小。所选取的指标涉及：经济增长指标、产业结构指标、人口结构、教育卫生、政府财政。从中选取与基尼系数相关性较大的指标构建回归模型，分析其对基尼系数的影响程度，选用变量见表 6.4。每个变量取相应的滞后项参与回归，滞后阶数的选择标准为滞后项与基尼系数相关性达到最大。值得指出的是，我国普通中学学校数对基尼系数的影响在滞后 10 阶达到最大。

表 6.4　岭回归结果

项目	回归系数	p 值
普通中学学校数/所	−0.000 39	$<10^{-6}$
第三产业增加值	−0.000 29	$<10^{-6}$
财政支出	−0.000 49	$<10^{-6}$
参加失业保险人员的比例	0.000 442	0.000 187
老年抚养比	0.003 682	$<10^{-6}$
少儿抚养比	−0.000 55	$<10^{-6}$
人口出生率	−0.001 71	$<10^{-6}$
城镇化率	−0.000 9	$<10^{-6}$
个人所得税/亿元	−0.000 28	$4.02×10^{-6}$
卫生总费用/亿元	−0.000 31	$<10^{-6}$
发放失业保险的金额/亿元	0.000 755	$<10^{-6}$
政府卫生支出/亿元	−0.000 35	$<10^{-6}$
社会卫生支出/亿元	−0.000 64	$<10^{-6}$
人均 GDP/元	−0.000 96	$<10^{-6}$

$$GCV = 2.545\ 768×10^{-11}$$

注：GCV 表示广义交叉验证（generalized gross validation）

6.4.1 节的结果显示，我国已明显处于倒 "U" 形曲线的右端，从而与 GDP 高度相关的经济指标与基尼系数也呈现出了倒 "U" 形曲线的特点。例如，随着第三产业增加值的提升，我国的基尼系数也呈现出了先增加后减小的趋势。因此，普通的线性模型无法揭示这种变化趋势。但二次回归方程涉及的参数过多，模型过于复杂，无法避免出现过拟合的现象。

2008 年以来，我国的众多经济指标与基尼系数的关系近似为一条下降的直线，因此本节选用了 2008 年以来的年度数据构建线性回归模型来分析基尼系数的影响因素。因为变量多，样本少，普通的线性回归失效，而常用的带惩罚项的高维回归方法对设计矩阵的稀疏性要求较高（如 Lasso 回归、Dantzig 变量选择法、

LAD Lasso、SQRT Lasso、Lq Lasso[①]），这就使得最后确定的影响因素非常少，很难得到理想的分析结果。因此本节选用岭回归方法来估计回归方程，寻找基尼系数的影响因素及其重要程度。

回归方程为

$$Gini = c + a_1 x_1 + a_2 x_2 + \cdots + a_{14} x_{14} + \varepsilon \tag{6.14}$$

各变量均进行尺度变换消除量纲的影响，使得回归系数的大小具有可比性，回归模型结果见表 6.4。

在 14 个与基尼系数相关性较强的变量中，有 11 个变量对减小基尼系数有积极作用，其余 3 个变量起消极作用。为了更加直观地显示各变量对基尼系数的影响程度，分别对起积极作用的变量的回归系数和起消极作用的回归系数进行尺度变换。即用起积极作用的 11 个变量的回归系数的绝对值除以这 11 个变量的回归系数绝对值的总和，所得结果即每个变量重要程度占比。对起消极作用的回归系数进行同样的处理。

在有利于降低基尼系数的因素中，除人均 GDP 这一主要因素外，其他有利于缩小收入差距、降低基尼系数的因素包括：人口出生率（影响程度占比 24.9%）、城镇化率（13.9%）、社会卫生支出（7.2%）、少儿抚养比（8.0%）、财政支出（7.2%）、普通中学学校数（5.6%）、政府卫生支出（5.0%）、卫生总费用（4.5%）、第三产业增加值（4.1%）、个人所得税（4.1%）。此外，在未参与回归的其他变量中，与第三产业相关的因素，如交通运输业、仓储业、住宿餐饮业、零售业等行业的增加额也具有一定的积极作用；与教育相关的初等教育、职业教育、特殊教育有较小的影响。

不利于缩小收入差距的指标有老年抚养比（75.4%）、发放失业保险的金额（15.4%）、参加失业保险人员的比例（9.0%）。此外，储蓄增加额、失业保险覆盖率的增加对缩小收入差距也有一定的抑制作用。

6.5 小　结

本章采用三参数的对数正态分布，利用国家统计局公布的分组数据和 CHIP 数据，分别对我国的收入分布进行了推断。通过对比同年两组数据得到的收入分布的拟合结果，验证了我国收入服从三参数对数正态分布假定的有效性，以及利用分组数据推断我国收入分布的科学性和准确性。以此为基础，本章构建了 SUR 方程并对我国基尼系数未来的走势进行了预测。结果显示，到 2025 年我国基尼系

①　Lasso 回归即套索回归；LAD 表示 least absolute deviations，最小绝对偏差；Lq Lasso 是指广义 q 范数 Lasso 回归算法，一般 Lasso 回归中范数为 1，即 L1 Lasso。

数总体仍呈下降趋势，但最低值是 0.443。这一系数仍显著高于国际警戒线水平 0.4，收入差距仍过大。

本章利用 2002~2015 年的数据验证我国已明显处于倒"U"形曲线的右方，即我国目前已显著处于倒"U"形曲线的下降阶段。因为有了新的数据，这个结果显示的倒"U"形曲线特征较朱博（2014）中的更为明显。

为了寻找影响我国基尼系数的主要因素，缩小收入差距，本章选取了国家统计局公布的各项年度指标，着力寻找有利于降低我国基尼系数的因素，从而提出相关的政策建议以促进收入差距进一步缩小。分析结果显示，在有利于降低基尼系数的因素中，除人均 GDP 这一主要因素外，其他有利于缩小收入差距、降低基尼系数的五大因素按重要度由高到低排序为：人口出生率、城镇化率、社会卫生支出、少儿抚养比、财政支出。此外，交通运输业、仓储业、住宿餐饮业、零售业等行业的增加额对缩小收入差距有一定作用。不利于缩小收入差距的指标按重要度由高到低排序为：老年抚养比、发放失业保险的金额、参加失业保险人员的比例。此外，储蓄增加额、失业保险覆盖率的增加对缩小收入差距也有一定的抑制作用。

6.6　建　　议

通过本章的分析可知，未来几年我国的基尼系数虽然呈现下降趋势，但是下降并不明显，最低值仍显著高于 0.4 的警戒水平。因此有必要对影响我国收入差距的因素进行调控，在促进经济稳步增长的前提下，尽可能地缩小我国的收入差距。具体政策建议如下。

（1）大力发展经济，加快新型城镇化步伐。

测算结果显示我国的人均 GDP 和城镇化率的提高对缩小我国的收入差距有着显著的积极作用。强调保持经济的中高速平稳发展，是我国近年来政治经济坚守的基本方针。只有经济的发展，才是提高人民收入、缩小居民收入差距的根本保证。

推进新型城镇化，是"十三五"规划的重要组成部分。"十三五"规划纲要提出，坚持以人的城镇化为核心、以城市群为主体形态、以城市综合承载能力为支撑、以体制机制创新为保障，加快新型城镇化步伐，提高社会主义新农村建设水平，努力缩小城乡发展差距，推进城乡发展一体化。可见，在国家层面已经意识到经济发展和城镇化，包括随之而来的劳动力流动和就业影响，是缩小收入差距的一个主要途径。

（2）大力发展中等教育、职业教育，大力发展第三产业，切实提高低端劳动力人群收入。

　　测算结果显示，中等教育和第三产业增加值都对缩小收入差距有着较为积极的影响。教育的不平衡是造成居民收入差距的一个非常重要的因素。中等教育与小学和高等教育相比较，是最有利于提高低收入人群收入的，也是最能够使居民收入差距缩小的因素之一。因此应该大力发展和普及中等教育，特别是在农村和欠发达地区。

　　还应该大力发展职业教育。我国的职业教育相比于普通教育一直处于弱势地位，这与传统观念对职业教育的偏见、技能型人才的工作环境和薪酬待遇不佳等因素有关。而随着我国改革开放的不断深化，经济方式也不断转变，为了促进产业结构优化升级，迫切要求职业教育加快培养和造就更多的技能型人才；积极稳妥推进城镇化进程，迫切要求通过职业教育使农村劳动力带着技能有序转移到城镇，顺利成为新产业工人和新市民。同时，国家还应出台相关政策，提升技术工人的薪酬水平和社会地位，这样才能引导职业教育的发展，这也是《中国制造2025》所需要的。

　　此外，还应出台显著普惠民生的国家和地方政府政策，引导、提供就业和创业机会，大力发展第三产业，积极促进我国经济进入新常态后的产业转型，为城镇化过程中进入城市的农民提供更多的就业岗位和更高的收入水平。

　　（3）采取较为积极的生育政策，提高出生率，降低老年抚养比。

　　测算结果显示，人口出生率对缩小收入差距有较为积极的影响，而老年抚养比的增加却对扩大收入差距有显著作用。我国在 2000 年之前 20 年经济的高速发展很大程度上是得益于人口红利的结果。而人口红利即将成为过去，劳动年龄人口不断减少，老年人口数量不断增加，对我国经济增长构成直接威胁。而由于生育观念的改变，也因为整个养育体系从成本到精力的奢侈化，根据国家统计局的数据估算，出台全面放开二孩政策后人口出生率没有显著提升。而这种趋势完全无法转变现有的不利局势。因此，应该采取更为积极的人口政策，出台一系列生育鼓励措施激励生育、稳定生育率。

　　（4）建立多税种、全过程的税收调控体系，加大社会福利保障和公共卫生服务投入。

　　测算结果显示，个人所得税、失业保险覆盖率和卫生支出等因素对收入差距有影响但影响程度都较小，而且失业保险覆盖率还是消极因素。实际上，任何实行市场经济体制的国家，初始收入分配的差距都是很大的，但是国家通过各种财政税收和福利保障政策，可以大大缩小初始收入分配的差距。人们调节收入差距的主要手段，就是国家的社会保障和福利政策以及基于税收的转移支付能力。而我国现在所实行的税收和社会保障、福利政策无法起到有效的调节作用，这从测算结果的影响程度上有所体现。

　　我国现行税收政策对个人的征税主要是个人所得税，而个税实际沦为工资报酬税收，高收入人群的财产性收入都很容易隐藏和转嫁，而较低收入的工薪阶层却是强制性的税收。因此，针对现行税收单一、偏颇的状况，我国应完善税收政策，以累进的个人所得税为核心，开征房产税、资本利得税等财产税和社会保障税等其他综合税种，并规范税收执行应覆盖居民收入的全过程，逐步建立多税种、全过程的税收调控体系。

从测算结果中可以看到，失业保险作为消极因素出现，这是因为我国的社会保障体系向城市严重倾斜，这也加剧了城乡收入差距。近年来，虽然做了如新农村合作医疗等有益的制度建设，但程度还远远不够。因此，国家财政应多侧重用于社会福利、社会保障和公共卫生，要向农村和城市弱势群体倾斜，现在迫切的问题是要增加政府财政对社会保障和基础医疗的投入。

第7章 我国人口结构变动对资源环境承载力的影响

7.1 研 究 背 景

  资源环境承载力是从分类到综合的资源承载力与环境承载力的统称（封志明等，2017）。随着人们意识到资源枯竭和环境恶化等问题，资源环境承载力在国土规划、人口规划、生态系统服务评估和可持续发展研究领域受到越来越多的重视（Varis and Vakkilainen，2001；Assessment，2005；Imhoff et al.，2004；Running，2012）。资源环境承载力研究不仅是国家生态文明建设的重要基础性工作，而且也是推进我国新型城镇化建设、促进区域可持续发展的重大科学需求所在（封志明等，2017）。早期单因素承载力的研究局限性很多，于是资源环境综合承载力研究成为如今的主要方向（Wang et al.，2017；Liu，2012；Jiang et al.，2017；Harris and Kennedy，1999）。目前资源环境承载力的定义和评价方法都没有形成共识，本章从各个系统相互影响的视角建立起资源环境承载力评价指标体系，实现资源环境承载力综合评估的标准化与定量化，为促进我国可持续发展提供决策支持。此外，资源环境承载力是一个涉及人口、社会、经济、资源与环境的复杂系统，其中人口对它的影响不容小觑。当今我国人口增长处于低出生、低死亡、低增长的人口再生产类型。城镇化水平的加快、人口老龄化的加剧、生育政策的调整等使我国的人口结构正在发生重大变化，本章要在构建资源环境承载力评价指标体系的基础上重点研究人口结构的变化给资源环境承载力带来的影响。

  首先分析资源环境承载力的理论体系。资源环境承载力与社会经济、资源、环境紧密相关，各方面相互促进、相互制约，图7.1三个方面相互影响，资源环境承载力的研究应把社会经济、资源与环境综合起来。在社会经济方面，包括人口增长、经济发展、社会进步等；在资源方面，包括水资源、土地资源、大气资源、生物资源、能源矿产资源等；在环境方面，包括水环境、大气环境、生态环境等。这些都与资源环境承载力息息相关，所以指标的选取要从这些方面综合考虑。

  查阅相关文献，将众多学者对资源环境承载力指标体系的构建罗列在表 7.1中，进行对比分析。

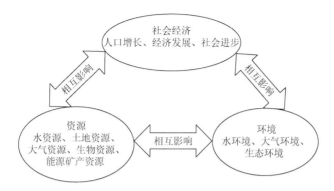

图 7.1　社会经济、资源、环境的相互影响示意图

表 7.1　资源环境承载力指标体系构建对比

年份	研究者	指标分类	指标个数	优点	缺点
2001	毛汉英和余丹林	经济增长、人口类、资源环境类、潜力类、区际交流指标	27	从压力与承压两方面充分考虑指标	忽略了人均受教育水平
2009	邱鹏	资源禀赋与环境容量、资源需求与环境压力	23	考虑到环境污染与破坏事故次数	资源全是用指标总量，人口数对资源影响很大，更关注人均资源量
2011	秦成等	社会经济、资源、环境、调节子系统	27	考虑人为调节、自然调节因素	忽略了科技与研发的因素，有些指标数据不好获取，比如用水模数、水资源恢复力、纳污能力
2014	李健等	经济增长、人口、资源环境、潜力	31	考虑科技潜力、生活环境质量和社会安定因素	潜力指标 15 个过多，进而稀释了资源的供给与环境容量本身的重要性
2014	李悦等	资源环境支撑系统、保育系统、经济系统、耗散系统	20	指标分类清晰，给出一个新的角度建立指标	没有考虑社会因素，评价指标中有些是人均指标，有些是总量指标，没有统一
2015	黄敬军等	资源承载能力、环境承载能力、资源承载状态、环境承载状态、敏感性指标、承载压力指标	34	对指标进行分等级考虑，考虑生态红线区比例、地质灾害易发性、区域地壳稳定性等敏感性指标	有些指标数据不易获取，如土壤污染评价、土壤质量评价

这些指标体系都能在一定程度上反映资源环境的承载状态、承载能力以及承载压力，但都忽略了一些重要的因素，如人口年龄结构和人口受教育程度。

本章试图通过文献梳理和相关研究，根据给定的资源环境承载力定义，建立资源环境承载力评价指标体系，然后对我国 2006~2015 年的资源环境承载力进行评价，分析影响我国资源环境承载力的关键因素，测算我国人口结构变动对资源环境承载力的影响，最后给出相应的对策建议。

7.2 评 价 方 法

7.2.1 建立指标体系

指标的选取是一项基础却非常重要的工作，它的好坏直接影响评价结果的优劣。构建科学合理的资源环境承载力评价指标体系应遵循科学性、系统性、综合性、层次性、区域性、动态性等基本原则（张兴和桂梅，2017）。科学性是指建立的指标体系要能够较为客观真实地反映环境资源承载力发展演化的规律。层次性原则是指建立的评价体系应具有层次性，能从不同方面、不同层次反映资源环境承载能力的实际情况。这要求尽可能全面地选取能反映资源环境承载能力的指标。但资源环境承载力评价是复杂的综合性评价，涉及的指标多，如何取舍，孰轻孰重，难以界定，既不能把不同时间尺度的各类自然资源的数量、质量、空间分布及开发所引起环境系统的变化过于简单化，又不能将相互关联自然资源与生态环境系统复杂化。因此，选取适当数量、具有代表性的指标显得十分重要（黄敬军等，2015）。

本章在前人工作的基础上，遵循科学性、系统性、综合性、层次性、区域性、动态性以及数据可获取性等基本原则，结合毛汉英和余丹林（2001）对资源环境承载力的定义和研究人口结构对资源环境承载力的影响目标，从承载压力和承载能力两方面入手建立了资源环境承载力的综合评价指标体系，共计 27 个指标，见表 7.2。

表 7.2 资源环境承载力指标评价体系

指标属性	指标类别	指标细分	指标编号	指标细则
承载压力指标	人口指标	人口结构	$x1$	人口增长率/%
			$x2$	人口抚养比/%
			$x3$	人口密度/（人/平方公里）
			$x4$	城镇化率/%
	经济增长指标	经济增长速度	$x5$	GDP 增长率/%
		资源与产品消耗	$x6$	万元 GDP 耗水量/米^3
			$x7$	人均发电量/（千瓦时/人）
			$x8$	社会消费品零售总额/亿元
			$x9$	全社会固定资产投资/亿元

续表

指标属性	指标类别	指标细分	指标编号	指标细则
承载压力指标	经济增长指标	环境污染程度	$x10$	万元 GDP 废水排放量/万吨
			$x11$	万元 GDP 工业固体废物产生量/吨
			$x12$	万元 GDP 废气中氮氧化物排放量/吨
承载能力指标	资源环境指标	资源总量	$x13$	人均水资源量/（米^3/人）
			$x14$	人均耕地面积/（公顷/人）
			$x15$	人均建设用地面积/（公顷/人）
			$x16$	人均粮食占有量/（吨/人）
		生态环境	$x17$	森林覆盖率/%
			$x18$	城市建成区绿化覆盖率/%
		环境治理	$x19$	城镇污水集中处理率/%
			$x20$	工业固体废物综合利用率/%
			$x21$	环境污染治理投资总额占 GDP 比重/%
		交通承载	$x22$	城市人均道路面积/米^2
	潜力指标	社会经济发展水平	$x23$	城镇居民人均可支配收入/元
			$x24$	农村人均纯收入/元
			$x25$	第三产业占 GDP 比重/%
		教育与科技潜力	$x26$	平均受教育年限/年
			$x27$	科学研究与试验发展费用占 GDP 比重/%

7.2.2　评价指标的标准化处理

在资源环境综合承载力评价体系中，不同的评价指标具有不同的量纲单位。为了消除不同的评价指标所存在的量纲单位及数量级间的差异造成的影响，对原始数据选用极差法进行标准化。

一般将评价指标分为效益型和成本型两大类。效益型指标属性值要求越大越好，即评价指标中的"正"指标；成本型指标要求越小越好，即"逆"指标。

效益型指标，即"正"指标，计算公式为

$$s_{ij} = \frac{x_{ij} - \min(x_j)}{\max(x_j) - \min(x_j)} \tag{7.1}$$

成本型指标，即"负"指标，计算公式为

$$s_{ij} = \frac{\max(x_j) - x_{ij}}{\max(x_j) - \min(x_j)} \tag{7.2}$$

其中，$s_{ij}(i=1,2,\cdots,n; j=1,2,\cdots,m)$ 为第 i 个评价对象第 j 个评价指标的标准化指标值；x_{ij} 为对应的原始数据值。

7.2.3　指标权重的确定

指标权重确定的方法主要表现为主观赋权法、客观赋权法和主客观相结合赋权法。常用的主观赋权法为德尔菲法，即专家咨询法，具体是集中专家的经验与意见，初步确定各指标的权重，然后不断修改，带有明显的主观性。客观赋权法主要是依据数据做统计分析，按照一定的规则计算出各评价指标的权重，常见的客观赋权的方法主要有主成分分析法、熵权法和均方差决策分析法。主客观赋权法最典型的是层次分析法（analytic hierarchy process，AHP），层次分析首选用"两两比较法"对同层各因素关于上层单个目标的重要性作量化比较，建立"判断矩阵"，这个过程使权重的确定带有主观人为的因素，然后利用判断矩阵用几何平均法求出权重，这个过程具有客观性（欧弢，2017）。

德尔菲法和层次分析法都带有明显的主观臆断性，主成分分析法、熵权法和均方差决策分析法较好地解决了主观赋权法中某些随机性和主观臆断性问题。本章同时采用这三种方法，建立组合权重模型，可以综合多种方法的优势来规避单一方法的缺陷。

基本思路是：以主成分的方差贡献率为权重，对该指标在各主成分线性组合中的系数的加权平均进行归一化。

原始数据标准化值：

$$z_{ij} = \frac{x_{ij} - E(x_j)}{\sigma(x_j)} \tag{7.3}$$

其中，$E(x_j)$ 为第 j 个指标的样本均值；$\sigma(x_j)$ 为第 j 个指标的样本均方差。

得到标准化矩阵：

$$Z = \begin{bmatrix} z_{11} & z_{12} & \cdots & z_{1n} \\ z_{21} & z_{22} & \cdots & z_{2n} \\ \vdots & \vdots & & \vdots \\ z_{m1} & z_{m2} & \cdots & z_{mn} \end{bmatrix} \tag{7.4}$$

计算相关系数矩阵和相关系数矩阵的特征值和特征向量 λ_i。

计算方差贡献率：

$$d_i = \frac{\lambda_i}{\sum_{i=1}^{n} \lambda_i} \tag{7.5}$$

计算组成分载荷：

$$l_{ij} = a_{ij} \sqrt{\lambda_i} \tag{7.6}$$

利用前两个主成分计算权重：

$$w'_j = \frac{d_1 l_{1j} + d_2 l_{2j}}{d_1 + d_2} \tag{7.7}$$

最后对权重 w'_j 进行归一化，得到 w_j。

熵权法确定权重的基本思路是根据指标变异性的大小来确定客观权重。

特征比重：

$$f_{ij} = s_{ij} / \sum_{i=1}^{n} s_{ij} \tag{7.8}$$

熵值：

$$e_j = -\frac{1}{\ln n} \sum_{i=1}^{n} f_{ij} \ln f_{ij} \tag{7.9}$$

熵权：

$$w_j = (1 - e_j) / \left(m - \sum_{i=1}^{m} e_j \right) \tag{7.10}$$

其中，m 为评价指标的个数。

均方差决策确定权重的基本思路是：以各评价指标为随机变量，各方案 M_j 在指标 g_j 下的标准化后的属性值为该随机变量的取值，先求出这些随机变量的均方差，再将这些均方差归一化，其结果即各指标的权重系数。

求随机变量的均值：

$$E(g_i) = \frac{1}{n} \sum_{i=1}^{n} s_{ij} \tag{7.11}$$

求 g_j 的均方差：

$$\sigma(g_i) = \sqrt{\sum_{i=1}^{n} [s_{ij} - E(g_i)]^2} \tag{7.12}$$

求 g_j 的权系数：

$$w_j = \frac{\sigma(g_i)}{\sum_{j=1}^{m} \sigma(g_j)} \tag{7.13}$$

我们采用主成分分析法、熵权法以及均方差决策分析法，分别求出权重并计算评价结果。然后利用 Kendall 协同系数法对三种方法的评价结果进行一致性检验，若检验通过的话，则将三种评价结果进行加权组合并给出最终评价结果（梁小珍等，2013）。

7.3　评价结果

采用主成分分析法、熵权法以及均方差决策分析法客观得到 27 个指标的权重，结果如表 7.3 所示。然后采用 Kendall 协同系数法对三种方法评价结果进行一致性检验，协同检验的系数为 0.674，在显著性水平 0.05 下卡方值为 46.524，p 值为 0.008，表明三种方法的评价结果通过了 Kendall 协同系数检验，即三种方法的评价结果具有统计上的一致性。

表 7.3　三种方法下各指标的权重

指标编号	主成分分析法	熵权法	均方差决策分析法
$x1$	0.0383	0.0199	0.0326
$x2$	0.0391	0.0422	0.0399
$x3$	0.0420	0.0373	0.0371
$x4$	0.0418	0.0397	0.0374
$x5$	0.0288	0.0324	0.0385
$x6$	0.0420	0.0255	0.0366
$x7$	0.0421	0.0265	0.0364
$x8$	0.0411	0.0494	0.0398
$x9$	0.0416	0.0349	0.0383
$x10$	0.0418	0.0355	0.0389
$x11$	0.0360	0.0203	0.0345
$x12$	0.0326	0.0366	0.0347
$x13$	0.0156	0.0279	0.0311
$x14$	0.0055	0.0318	0.0324
$x15$	0.0372	0.0856	0.0334
$x16$	0.0410	0.0419	0.0366
$x17$	0.0408	0.0477	0.0412
$x18$	0.0372	0.0349	0.0461
$x19$	0.0413	0.0345	0.0407
$x20$	0.0414	0.0307	0.0395
$x21$	0.0408	0.0319	0.0341

指标编号	主成分分析法	熵权法	均方差决策分析法
$x22$	0.0325	0.0356	0.0315
$x23$	0.0421	0.0380	0.0390
$x24$	0.0418	0.0419	0.0378
$x25$	0.0416	0.0474	0.0385
$x26$	0.0371	0.0240	0.0283
$x27$	0.0369	0.0460	0.0450

由于三种方法的评价结果通过一致性检验，为避免单一方法的缺陷，采用组合权重模型，对三种方法的权重结果进行取平均 $w = \dfrac{1}{3}\sum_{i=1}^{3} w_i$。最后对 27 个指标进行加权求和，计算出每一个年份的承载力得分，得分越接近 1，资源环境承载力越好。根据得分大小排序可知：

$$Y_{2015} > Y_{2014} > Y_{2013} > Y_{2012} > Y_{2010} > Y_{2011} > Y_{2009} > Y_{2008} > Y_{2007} > Y_{2006}$$

2006～2015 年我国资源环境承载力发展趋势如图 7.2 所示。

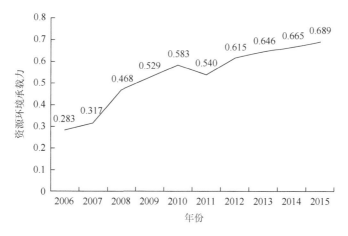

图 7.2　2006～2015 年我国资源环境承载力的发展趋势

2006～2015 年我国资源环境承载力总体趋势是先快速上升后平稳增长的，其中从 2007 年后，我国资源环境承载力显著提高。这与 2007 年新政策的实施不谋而合，2007 年 12 月 14 日，经国务院同意，国家发展和改革委员会批准武汉城市圈和长株潭城市群为我国资源节约型和环境友好型社会建设综合配套改革试验区，而承载力的显著提高表明政策意义与实施效果凸显。

　　图 7.2 中我国资源环境承载力 2011 年出现明显下降。原因一是 2011 年人均水资源占有量 1730.2 米³/人是近 13 年最低。2010 年冬至 2011 年春，我国北方遭遇了历史罕见的干旱灾害，河北、山东、河南、湖北、江苏、安徽等地灾情严重，如山东发生特大干旱，全省平均降水量仅 12 毫米，比常年偏少 85%。水是维持生命、保障生产的根本，人均水资源占有量是资源环境承载力水平提高的重要因素，这与政府根据水资源量决定人口上限值是一致的，而 2011 年出现特大干旱，人均水资源量骤减，是造成资源环境承载力下降的最大原因。原因二是 2011 年我国的 GDP 增速为 9.3%，万元 GDP 工业固体废物产生量为 0.6597 吨，是 2006～2015 年最高，2011 年经济的快速发展，伴随着环境污染加重。原因三是相比 2009 年和 2010 年，2011 年环境污染治理投资总额占 GDP 比重与科研与发展费用占 GDP 比重两项大幅下降。2011 年政府在环境污染治理和科研投入减少，对可持续发展不利。如果一味追求经济发展，不重视污染治理等问题，就是走了发达国家"先污染再治理"的老路，付出的代价很大。

　　权重的大小决定相应评价指标对承载力的影响程度，根据组合权重的排序（表 7.4），2006～2015 年对我国资源环境承载力影响最大的是人均建设用地面积，其次是社会消费品零售总额、森林覆盖率，三者所占比重分别是 5.20%、4.34%和 4.32%。因此为了提高资源环境承载力，我们可以从人均建设用地面积、社会消费品零售总额、森林覆盖率三个角度提出相应的政策措施。

表 7.4　各指标的组合权重按降次排序

指标	权重	指标	权重
$x15$	0.0520	$x9$	0.0383
$x8$	0.0434	$x20$	0.0372
$x17$	0.0432	$x21$	0.0356
$x27$	0.0426	$x7$	0.0350
$x25$	0.0425	$x6$	0.0347
$x24$	0.0405	$x12$	0.0346
$x2$	0.0404	$x5$	0.0332
$x16$	0.0398	$x22$	0.0332
$x23$	0.0397	$x11$	0.0303
$x4$	0.0396	$x1$	0.0303
$x18$	0.0394	$x26$	0.0298
$x19$	0.0389	$x13$	0.0249
$x3$	0.0388	$x14$	0.0233
$x10$	0.0387	—	—

7.4　人口结构变动对资源环境承载力的影响

7.4.1　人口结构对资源环境承载力的弹性系数

资源环境承载力与人口结构紧密相关，人口结构变动包括人口总数的改变和年龄结构的改变，可以从影响因素的弹性分析得到总人口增长率、人口抚养比，以及从人口密度变化得到人口结构变动对资源环境承载力的影响。

当第 j 指标改变 1 单位，资源环境承载力得分的变化程度是第 j 指标对应的组合权重除以对应的极差值，得到第 j 指标对资源环境承载力的弹性系数。

$$\Delta r_j = w_j \cdot \frac{1}{\max(x_j) - \min(x_j)} \tag{7.14}$$

指标分正向指标和负向指标。总人口增长率、人口抚养比、人口密度、城镇化率等四个人口指标都属于负向指标，即指标数值越大，资源环境承载力得分就越低。人均受教育年限属于正向指标，该指标数值越大，资源环境承载力得分就越高。

2006~2015 年我国总人口增长率每提高 0.01 个百分点，资源环境承载力得分就降低 0.0038；人口抚养比每提高一个百分点，资源环境承载力得分就降低 0.0099；人口密度每平方公里增加一人，资源环境承载力得分降低 0.0062；城镇化率每提高一个百分点，资源环境承载力得分就降低 0.0034；人均受教育年限每增长 0.1 年，资源环境承载力得分提高 0.0029。由结果可知人口抚养比对资源环境承载力的影响突出。

7.4.2　我国城镇化率预测

资源环境承载力指标体系里有城镇化率这一重要指标，属于人口结构中的城乡结构。为研究人口结构对 2018~2050 年资源环境承载力的影响，第 1 章已经预测出人口规模和年龄结构等，还缺乏城镇化率的预测结果，本节对 2018~2050 年我国城镇化率进行预测。

我国城镇化率从 1978 年的 17.92%，每年稳步上升，到 2011 年时首次超过50%，为 51.27%，这与我国在“十二五”期间大力推进城镇化建设息息相关。截止到 2017 年，我国城镇化率已达 58.52%。《国民经济和社会发展第十三个五年规划纲要（草案）》提出，“要加快农业转移人口市民化，统筹推进户籍制度改革和基本公共服务均等化，健全常住人口市民化激励机制，推动更多人口融入城镇。深化户籍制度改革，实施居住证制度，健全促进农业转移人口市民化的机制”。我国城镇化率在未来几十年将继续提高。

　　各国城镇化的历史表明，城镇化率的增长往往会呈现一个拉长的"S"形曲线，经过第一个拐点后城镇化率加速上升，而经过第二个拐点后城市化率增速将明显放缓。根据日本和德国模式的经验，我国城市化进程或在达到 65%～70% 的水平后增速放缓。对我国城镇化率进行初期、加速、后期三个阶段的判定分析，目前我国仍处于城镇化的加速阶段，可以用曲线方程表示城市化水平与时间之间的变动关系，本节借鉴简新华和黄锟（2010）用曲线拟合的方法预测我国加速阶段的城镇化率。2016 年 7 月国家卫生和计划生育委员会王培安表示，预计 2030 年常住人口城镇化率达到 70% 左右，户籍人口城镇化率达到 60% 左右（王宇和向莉莉，2016）。可知我国将在 2030 年左右到达第二个拐点，本节借鉴曾毅（2013）的方法假定 2030～2050 年我国城镇化率平均每年增长 0.5 个百分点。

　　2018～2030 年我国城镇化率加速阶段的曲线方程预测公式如下：

$$y = \frac{1}{1 + \lambda e^{-kt}} \tag{7.15}$$

其中，y 为城镇化率；t 为时间，设定 1978 年为 0，1979 年为 1，2017 年为 39；λ、k 为参数。对式（7.15）变换，得

$$\ln\left(\frac{1}{y} - 1\right) = \ln\lambda - kt \tag{7.16}$$

令 $\ln\lambda = \beta_0$，$-k = \beta_1$，$\ln\left(\dfrac{1}{y} - 1\right) = y'$，那么式（7.16）转化为

$$y' = \beta_0 + \beta_1 t \tag{7.17}$$

　　拟合得到的线性结果为 $y' = 1.564 - 0.048t + \varepsilon$，估计得到 2030 年我国城镇化率为 71.35%（图 7.3）。利用曾毅（2013）方法估计 2050 年我国城镇化率为 81.35%。

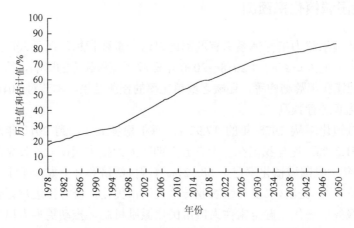

图 7.3　1978～2050 年我国城镇化率历史值与估计值

上海交通大学城市科学研究院与北京交通大学中国城市研究中心 2017 年 1 月在京联合发布了《2016～2020 中国城镇化率增长预测报告》，预测"十三五"期间我国城镇化将稳步推进，2020 年我国城镇化率将达到 63%。潘家华和魏后凯（2015）预计到 2020 年我国城镇化率将超过 60%，到 2030 年将达到 70% 左右，2050 年将超过 80%，基本完成城镇化。中国科学院中国现代研究中心发布《中国现代化报告 2013：城市现代化研究》预计我国 2030 年城镇化率为 68%～70%，2050 年为 77%～81%。本章城镇化率的预测结果与多位学者的判断及我国城镇化率规划目标的趋势一致。

7.4.3　人口结构对 2018～2050 年资源环境承载力的影响

为了考察 2018～2050 年人口结构变动对资源环境承载力的直接影响，根据控制变量法原理，假设 2018～2050 年其他指标不变，根据 2018～2050 年人口规模和人口年龄结构、城乡结构的预测值，得到总人口增长率、人口抚养比、人口密度、城镇化率四种指标的年变化量，计算 2018～2050 年资源环境承载力得分变化量（图 7.4）。

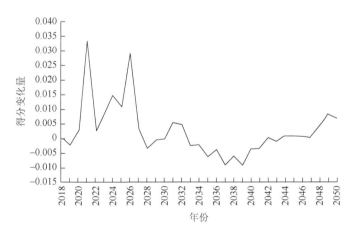

图 7.4　2018～2050 年我国资源环境承载力得分变化量

图 7.4 显示，若在其他因素不变的条件下，仅考虑人口结构变动对资源环境承载力的影响。2018～2027 年我国资源环境承载力得分变化量基本为正，2028 年得分变化量开始为负，并持续三年在零值以下，主要原因是，虽然我国人口大概率将在 2028 年达到峰值，2028 年后人口密度开始减小，但人口结构带来的抚养比

增加更大，使得承载力得分变化量为负。承载力得分变化量在 2033～2043 年基本呈负数波动，此后维持正数，缓慢波动上升。

通过承载力得分变化量的趋势可知，未来人口年龄结构和城乡结构的变化，整体上对资源环境承载力的影响有三个阶段。第一阶段：2018～2032 年为积极的正面影响，这一期间人口结构的变化使得资源环境承载力得分明显提高。第二阶段：2033～2043 年为一定的负面影响，该期间人口结构的变化会一定程度地降低资源环境承载力得分。第三阶段：2044～2050 年为一定的正面影响，人口结构的变化转变为逐步促进资源环境承载力的提高。

分析具体原因，第一阶段主要是总人口增长率指标对承载力得分变化量的提升作用最大；第二阶段主要是人口抚养比对承载力得分变化量的抑制作用最突出；第三阶段主要是总人口增长率和人口密度共同作用提升了资源环境承载力。从中我们可以得知，人口规模和人口抚养比对资源环境承载力影响突出。

7.5　小　　结

本章简单分析了资源环境承载力的理论体系，从承载压力和承载能力两方面出发，涵盖人口、经济增长、资源环境、潜力等四类指标，建立了资源环境承载力的综合指标体系，共计 27 个指标。对我国 2006～2015 年的资源环境承载力进行了评价，分析了影响我国资源环境承载力的关键因素，并测算人口结构变动对我国资源环境承载力的影响。具体结论如下：我国 2006～2015 年资源环境承载力总体趋势是先快速上升后平稳增长的，其中从 2007 年后，我国资源环境承载力显著提高；2006～2015 年对我国资源环境承载力影响最大的是人均建设用地面积，其次是社会消费品零售总额、森林覆盖率。2006～2015 年我国总人口增长率每提高 0.01 个百分点，资源环境承载力得分就降低 0.0038；我国人口抚养比每提高一个百分点，资源环境承载力得分就降低 0.0099；我国人口密度每平方公里增加一人，资源环境承载力得分就降低 0.0062；我国城镇化率每提高一个百分点，资源环境承载力得分就降低 0.0034；我国人均受教育年限每增长 0.1 年，资源环境承载力得分就提高 0.0029。其中人口抚养比对资源环境承载力的影响突出。未来我国人口结构变动，主要是人口规模、人口结构和城乡结构的变化，整体上对资源环境承载力的影响分三个阶段。第一阶段：2018～2032 年为积极的正面影响，这一期间人口结构的变化使得资源环境承载力得分明显提高。第二阶段：2033～2043 年为一定的负面影响，该期间人口结构的变化会一定程度地降低资源环境承载力得分。第三阶段：2044～2050 年为一定的正面影响，人口结构的变化转变为逐步促进资源环境承载力的提高。

7.6　建　议

根据对我国资源环境承载力影响最大的三个因素提出相应的政策建议。

（1）着力盘活存量建设用地和加强建设用地监管。

我国土地资源有限，人均土地面积不到世界平均水平的一半，为实现"十三五"规划纲要提出的单位 GDP 建设用地使用面积下降 20% 的目标，国家将落实建设用地总量管控。建议充分利用存量建设用地，加快闲置土地处置、工矿废弃地复垦利用等；全面加强土地特别是建设用地管理，不断完善用地审批制度、节约使用制度，规划土地管理程序，加强建设用地全程监管。

（2）提高绿色消费、鼓励理性消费。

社会消费品零售总额是制约我国资源环境承载力的首要因素。为提高资源环境承载力，应提倡绿色消费，间接引导生产结构向节能、减污、降碳方向调整。鼓励民众理性消费，减少攀比行为和不必要的浪费。

（3）提高森林覆盖率。

提高森林覆盖率是提高我国资源环境承载力的有效措施。建议继续将森林覆盖率作为中央以及地方政府的考核政绩，作为全面建成小康社会的目标之一；加大林业保护，提高资金补贴，做好森林防火等一系列保护措施；加强林业部门与土地管理局等部门的协调，科学规划林地；多开展公益植树活动，让更多的人参与进来。

根据人口结构变动对我国资源环境承载力的影响，提出相应的政策建议。

（1）优化人口年龄结构。

2018～2050 年人口结构变动中最影响资源环境承载力的是人口抚养比和人口规模，其中 2033～2043 年人口抚养比对资源环境承载力的抑制作用很大，因此建议我国进一步完善和落实教育住房、就业等积极生育支持措施，并保持相对开放的人口迁移政策，吸引优秀的外来青壮年人口迁入，不断调整优化我国人口的年龄结构。

（2）提高人口平均受教育年限，加强国民的素质教育。

2020 年我国的人均受教育年限为 9.91 年，而发达国家人均受教育年限是 12.4 年，我国的人均受教育年限还有很大提升空间。进一步提高我国人口的平均受教育年限，加强对公民节约资源，保护环境的教育和宣传，将有利于提高我国的资源环境承载力。

第8章 不同生育政策情景下我国食物用粮需求的测算

8.1 研 究 背 景

我国"十三五"规划明确指出要有力地保障粮食安全。影响粮食安全的主要因素有气候变化（Ye et al., 2013）、土壤退化（Ye and Ranst, 2009）、粮食需求增长（Qi et al., 2015）等。而粮食需求测算是我国制定粮食安全战略的重要依据。粮食需求可以分为食物用粮和非食物用粮，食物用粮指直接和间接满足人们食物消费需求的粮食，包括口粮和饲料用粮。口粮包括谷类、豆类和薯类，饲料用粮指饲养动物获取人类所需要的肉、蛋、奶、水产品等所消耗的粮食。食物用粮是粮食总需求的主要用途，2010 年我国食物用粮 4.51 亿吨，占粮食总需求比重为81.05%，2015 年我国食物用粮 4.97 亿吨，占粮食总需求比重为80.00%。而人口是影响食物用粮的关键因素。目前我国人口增长处于低出生、低死亡、低增长的人口再生产类型。城镇化水平的加快、人口老龄化的加剧、生育政策的调整等使我国的人口结构正在发生重大变化，而人口结构变化将直接带来食物用粮的需求调整。未来人口性别结构、年龄结构、城乡结构的变化会带来怎样的食物用粮需求变化，是否会威胁粮食安全，这就是本章要重点解决的问题。

8.2 研 究 综 述

关于人均粮食需求量测算的研究，国内外很多学者从口粮、饲料粮、加工用粮、种子用粮、损耗等方面对我国人均粮食需求量进行了研究。不同学者根据不同的研究目标切入的角度不同。在研究的思路上，主要从我国粮食消费的历史发展趋势进行经济学分析（曹历娟和洪伟，2009；常平凡，2005；贺一梅和杨子生，2008；程国强和陈良彪，1998；陈玲玲等，2009；封志明，2007；马永欢和牛文元，2009），而从居民膳食结构或营养健康角度细化分析人均粮食需求量的较少（骆建忠，2008；唐华俊和李哲敏，2012）。在研究方法上，主要有模型法和推断法两种。模型法主要有双边恩格尔函数模型、时间序列模型、回归模型、系统动力学模型（龙方，2008）等，推断法主要是依据对历史经验、现实趋势和国际经验的系统分析，结合对粮食需求的影响因素及其变化趋势的前瞻性研究，对粮食需求的变化做出判断（姜风和孙瑾，2007），如专家预测、经济周期等。

关于未来粮食总需求量的研究，大部分文献采用传统的测算方法，即在得出人均粮食需求量的基础上结合人口总数用相乘的方法直接得到总量。其中，辛良杰等（2015）结合我国 GDP 发展趋势预测居民膳食结构演变，得出 2030 年我国居民人均食物用粮消费量会达到 386.5 千克，如果纳入工业用粮、损失浪费用粮、种子用粮，则会达到 517.3 千克，并按总人口 14.5 亿计算出 2030 年国民总消耗量为 79 953 万吨，但没有考虑不同年龄、不同城乡人群的消费需求差异。胡小平和郭晓慧（2010）从基于营养标准的视角预测了 2020 年我国主要粮食用途和品种的需求数量，预测 2020 年食物用粮 5.11 亿吨，约占当年粮食总需求的 83.2%，该研究同样没有考虑人口结构带来的不同粮食需求。

人口结构是直接影响食物用粮的重要因素（吴乐，2011）。但是目前很少有学者在粮食需求测算时充分考虑到人口年龄结构、城镇化水平对粮食需求的影响。一类文献研究证明了考虑人口结构与不考虑人口结构的传统测算，两者之间差距较大。向晶和钟甫宁（2013）利用标准人消费指数，以 2007 年《中国居民膳食指南》建议的食物摄入量的上限作为一个标准人消费量，计算出一个标准人的日粮食需求总量为 384.35 千克/(人·年)，再考虑人的年龄和性别因素，比采用传统方法估算的未来粮食消费总量增长幅度要高出 1.6 个百分点，但是该研究没有考虑城镇化因素，城乡居民的消费饮食结构有明显差异。刘合光和陈珏颖（2016）在预测了未来人口趋势、年龄结构的基础上，测算出在老龄化情形下，我国粮食需求峰值比常规测算早五年达到，而且少 1029.24 万吨，差额约为 2015 年我国粮食产量的 1.66%。

8.3　食物用粮需求测算方法及结果分析

本章在满足居民营养健康标准的食物需求视角下，考虑人口年龄、性别和城乡结构，采用标准人消费系数，测算了单独二孩政策、全面放开二孩政策和完全放开生育政策情景下 2020～2050 年我国食物用粮（包括口粮与饲料粮）的需求，并进行了对比分析。

8.3.1　标准人消费系数法

个体之间年龄和性别不同决定其所需的能量和食物摄入量不同，因此为准确测算食物的需求量，需要一个衡量人口结构的定量测度指标。本章采用标准人消费系数方法将人口结构变量引入到粮食需求测算中，基本思路是通过测度各年龄性别人口的需求，来分配其不同的消费权数，即标准人消费系数，从而可以计算与标准人对等的个人需求。

根据联合国粮食及农业组织（Food and Agriculture Organization of the United Nations，FAO）提供的分年龄、性别与体重人口的日热量需求表，结合国家体育总局发布的《2014年国民体质监测公报》中我国分年龄、性别的体重，估算出他们的日热量需求表。其中BMR（basal metabolism rate）指基础代谢率，PAL（physical activity level）指体力活动水平，男性和女性都在16～17岁时的日热量需求最大，于是我们以16～17岁作为标准成人，将其日热量需求量作为标准系数为1，计算出其他年龄性别人口相应的消费系数 β_{ik}。

$$\beta_{ik} = EI_{ik} / EI_{17k} \tag{8.1}$$

其中，$k=1$ 时为男性，$k=2$ 时为女性；EI_{ik} 为年龄为 i、性别为 k 的个体日热量需求量；EI_{17k} 为一个年龄为17岁、性别为 k 的成年人的日标准摄入量。

由于国家体育总局发布的《2014年国民体质监测公报》里没有70岁及以上老人的体重，也没有公开的资料显示我国70岁老人体重统计，因此本章先推算70岁及以上男性平均体重60公斤，70岁及以上女性平均体重55公斤，并对此做灵敏度检验。计算结果见表8.1、表8.2。

表 8.1　我国男性不同年龄的能量需求权重表

年龄/岁	体重/千克	BMR/（兆焦耳/天）	PAL	每日平均需求	消费系数
0	3.27	0.69	1.45	1.00	0.07
1	9.66	2.28	1.45	3.30	0.24
2	12.84	3.07	1.45	4.45	0.32
3	16.60	3.69	1.45	5.35	0.39
4	18.30	3.85	1.45	5.58	0.41
5	20.60	4.07	1.50	6.10	0.44
6	23.00	4.30	1.55	6.66	0.48
7	26.60	4.64	1.55	7.19	0.52
8	29.90	4.95	1.60	7.92	0.58
9	33.60	5.30	1.65	8.75	0.64
10	37.20	5.51	1.65	9.09	0.66
11	41.90	5.85	1.70	9.95	0.72
12	46.60	6.20	1.75	10.85	0.79
13	52.00	6.60	1.80	11.88	0.86
14	56.20	6.91	1.80	12.44	0.90

续表

年龄/岁	体重/千克	BMR/（兆焦耳/天）	PAL	每日平均需求	消费系数
15	59.50	7.16	1.85	13.24	0.96
16	61.50	7.31	1.85	13.51	0.98
17	63.30	7.44	1.85	13.76	1.00
18	63.50	6.90	1.85	12.76	0.93
19	63.50	6.90	1.85	12.76	0.93
20～24	67.20	7.13	1.85	13.19	0.96
25～29	70.40	7.33	1.85	13.56	0.99
30～34	71.40	7.08	1.85	13.10	0.95
35～39	71.50	7.09	1.80	12.75	0.93
40～44	71.20	7.07	1.80	12.73	0.92
45～49	71.20	7.07	1.75	12.37	0.90
50～54	70.60	7.04	1.75	12.32	0.90
55～59	69.10	6.97	1.70	11.85	0.86
60～64	67.60	5.77	1.65	9.52	0.69
65～69	66.60	5.72	1.65	9.44	0.69
70 及以上	60.00	5.40	1.45	7.83	0.57

资料来源：《2014 年国民体质监测公报》、FAO 日热量需求表和部分计算

表 8.2　我国女性不同年龄的能量需求权重表

年龄/岁	体重/千克	BMR/（兆焦耳/天）	PAL	每日平均需求	消费系数
0	3.17	0.64	1.40	0.90	0.09
1	9.04	2.08	1.40	2.91	0.28
2	12.28	2.87	1.40	4.01	0.39
3	15.90	3.38	1.40	4.74	0.46
4	17.50	3.52	1.45	5.10	0.50
5	19.60	3.70	1.50	5.55	0.54
6	21.60	3.87	1.55	6.00	0.58
7	24.70	4.13	1.55	6.41	0.62
8	27.60	4.38	1.60	7.01	0.68
9	31.30	4.69	1.65	7.74	0.75
10	35.50	4.89	1.65	8.06	0.79
11	40.60	5.17	1.70	8.79	0.86
12	44.50	5.39	1.75	9.43	0.92
13	48.00	5.59	1.75	9.78	0.95

年龄/岁	体重/千克	BMR/（兆焦耳/天）	PAL	每日平均需求	消费系数
14	50.40	5.72	1.75	10.01	0.98
15	51.60	5.79	1.75	10.13	0.99
16	52.70	5.85	1.75	10.24	1.00
17	53.00	5.87	1.75	10.27	1.00
18	52.60	5.30	1.70	9.01	0.88
19	52.40	5.28	1.70	8.98	0.88
20～24	53.80	5.37	1.70	9.13	0.89
25～29	55.30	5.46	1.70	9.29	0.90
30～34	56.80	5.47	1.70	9.30	0.91
35～39	57.80	5.50	1.65	9.08	0.88
40～44	59.00	5.54	1.65	9.15	0.89
45～49	59.70	5.57	1.60	8.91	0.87
50～54	60.40	5.59	1.60	8.95	0.87
55～59	59.60	5.56	1.60	8.90	0.87
60～64	59.70	5.02	1.55	7.79	0.76
65～69	59.20	5.00	1.55	7.76	0.76
70 及以上	55.00	4.85	1.40	6.78	0.66

资料来源：《2014 年国民体质监测公报》、FAO 日热量需求表和部分计算

8.3.2 城镇化率预测

城乡居民收入水平、消费习惯存在明显差异，亚洲高收入国家 20 世纪 70～90 年代的发展经验表明，城镇人口扩大、畜产品消费量提高，意味着要消耗更多的粮食（饲料粮），从而扩大粮食的总需求量。考虑人口城乡结构的不同对提高粮食需求测算的准确度很有必要。

我国城镇化率从 1978 年的 17.92%，每年稳步上升，到 2011 年时首次超过50%，为 51.27%，这与我国在"十二五"期间大力推进城镇化建设息息相关。截止到 2016 年，我国城镇化率已达 57.35%。《国民经济和社会发展第十三个五年规划纲要（草案）》提出，"要加快农业转移人口市民化，统筹推进户籍制度改革和基本公共服务均等化，健全常住人口市民化激励机制，推动更多人口融入城镇。深化户籍制度改革，实施居住证制度，健全促进农业转移人口市民化的机制"。我国城镇化率在未来几十年将继续提高。本章参照了 7.4.2 节中 2018～2050 年我国城镇化率的预测结果。

8.3.3　食物用粮需求测算

　　提高食物用粮需求测算准确度关键在于对食物结构及其变化趋势的估计。查阅统计年鉴，可以获得食物结构的历史数据，但是它的未来变化趋势与人们的食物偏好变化密切相关，其中，收入水平的变化是最直接的影响因素。由于对于这些变量很难做出准确预测，本章在假设前提下进行测算，假设不论人们的收入水平增长多快，其食物消费量总要受到自然和生理条件的限制，因而人们的食物消费最终会趋向营养化、健康化。在现有的食物消费建议指标中，2016 年国家卫生和计划生育委员会疾病预防控制局发布的《中国居民膳食指南（2016）》，是最新的营养标准。该指南是为了提出符合我国居民营养健康状况和基本需求的膳食指导建议而制定的。该指南建议每天摄入谷薯类食物 250～400 克，其中全谷物和杂豆类 50～150 克，薯类 50～100 克。每周吃鱼 280～525 克，畜禽肉 280～525 克，蛋类 280～350 克，平均每天摄入总量 120～200 克。

　　本章取该指南中各食物建议摄入值的上限作为一个城镇男性标准人消费量 384.35 千克/年；根据女性的能量需求占男性的百分比，中国居民膳食能量推荐摄入量，中体力，18～50 岁，男 11.3，女 9.62，则女性占男性的 85.13%，则一个城镇女性标准人消费量是 327.21 千克/年。依据辛良杰等（2015）的研究，2012 年我国城乡居民人均食物用粮的差值约为 64.6 千克，以 2012 年城乡粮食消费量差异为基础初步匡算，则一个城镇男性标准人食用粮食消费量 384.35 千克/年，一个城镇女性标准人食用粮食消费量 327.21 千克/年；一个农村男性标准人食用粮食消费量 319.75 千克/年，一个农村女性标准人食用粮食消费量 272.20 千克/年。

　　根据本书第 1 章在不同生育政策下对我国 2020～2050 年人口年龄结构的预测（刘庆和刘秀丽，2018）及 7.4.2 节关于城镇化率的预测结果，结合不同年龄的能量需求权重，测算出未来我国食物用粮的需求量，结果详见表 8.3。其中非标准人计算是指不考虑人口的年龄结构，按照传统的人均消费量方法计算。

表 8.3　三种不同生育政策下我国 2020～2050 年食物用粮需求量测算结果

年份	总人口/亿人	单独二孩情景		全面放开二孩情景		完全放开生育情景	
		标准人/万吨	非标准人/万吨	标准人/万吨	非标准人/万吨	标准人/万吨	非标准人/万吨
2020	14.17	37 822	46 724	37 992	47 233	38 096	47 547
2025	14.36	38 216	47 253	38 633	48 127	38 890	48 668
2030	14.37	38 118	47 220	38 866	48 416	39 328	49 155
2035	14.28	37 433	46 791	38 509	48 299	39 173	49 230

年份	总人口/亿人	单独二孩情景		全面放开二孩情景		完全放开生育情景	
		标准人/万吨	非标准人/万吨	标准人/万吨	非标准人/万吨	标准人/万吨	非标准人/万吨
2040	14.13	36 414	46 032	37 802	47 909	38 660	49 074
2045	13.95	35 151	44 914	36 899	47 245	37 988	48 716
2050	13.63	33 597	43 363	35 739	46 174	37 093	47 980

　　在全面放开二孩生育政策下标准人计算出来的食物用粮需求将在 2031 年达到最高峰，为 38 870.1 万吨，与 2010 年的 3.1 亿万吨相比，提高了 25.4%。如果不分年龄结构，我国未来食物用粮需求量最高峰将在 2031 年达到 48 419.5 万吨，比 2010 年提高 56.13%。标准人方法和传统方法两者最高消费量之间的差额为 9549.4 万吨，即考虑人口结构变化因素后，我国食物用粮需求总量将减少 9549.4 万吨。与同一年份比较，两种方法测算值相差最高为 2050 年的 10 435 万吨，最低为 2020 年的 9241 万吨，说明考虑人口结构变化因素后，二者的差值会随着时间而增大。而且这个数额约占我国 2016 年全年粮食总产量的 16.9%和 15.0%，说明如果不考虑年龄结构，会过高地估计我国居民的食物用粮需求，将会造成粮食的供过于求，出现库存堆积、粮农种粮积极性不高等现象，并且将导致粮食进出口的配额失衡，造成一定的金钱浪费。在单独二孩情景或完全放开生育情景下，两种方法计算的标准人产生的食物用粮需求差值均达到 9000 万～11 000 万吨范围，即在相同的城镇化进程下，人口年龄结构变化尤其是老龄化率的提高将使食物用粮的需求减少，从而减缓我国粮食安全的压力。

　　预计 2030 年与 2050 年我国常住人口城镇化率将分别达到 71.2%与 86.4%。我国城镇人口规模将比 2015 年分别增加 2.4 亿人与 3.7 亿人。依据辛良杰等（2015）的研究，2012 年我国城乡居民人均食物用粮的差值约为 64.6 千克，以 2012 年城乡粮食消费量差异为基础初步匡算。因城镇化率的提高将使 2030 年与 2050 年食物用粮需求分别增加约 1550.4 万吨与 2390.2 万吨（分别为 2016 年粮食总产量的 2.5%与 3.9%）。这表明城镇化率的提高将增加我国粮食安全的压力。

　　全面放开二孩生育政策情景下，2020～2035 年食物用粮的需求为 3.8 亿～3.9 亿吨、2036～2050 年食物用粮需求为 3.5 亿～3.9 亿吨。与单独二孩政策情景相比，全面放开二孩生育政策情景下我国的食物用粮需求将增加，并且增量随年份增加而逐渐增大，在 2020 年该增量仅为 169.6 万吨，在 2030 年为 747.9 万吨，至 2050 年为 2142.5 万吨（分别为 2016 年粮食总产量的 0.3%、1.2%与 3.5%）。

　　如果我国在未来几年完全放开生育，2020～2035 年食物用粮的需求为 3.8 亿～4.0 亿吨、2036～2050 年食物用粮需求为 3.7 亿～3.9 亿吨。与单独二孩政策情景相比，完全放开生育情景下我国的食物用粮需求也将逐渐增加，其增量在

2030 年为 1210.0 万吨，在 2050 年为 3496.1 万吨（分别为 2016 年粮食总产量的 2.0%和 5.7%）。

据联合国粮食及农业组织与国家粮食和物资储备局数据，我国每年生产的粮食中有 35%被浪费（王永吉，2014）。其中我国餐饮食物浪费量每年为 1700 万～1800 万吨（中国科学院地理科学与资源研究所关于 2013～2015 年的调查结果），远远高于 2020～2050 年我国人口结构变化带来的食物用粮需求的年增加量。这表明我国生育政策调整所带来的人口结构变化不是未来我国粮食安全压力的主要影响因素。

8.3.4　灵敏度分析

鉴于在标准人测算过程中，70 岁及以上人口平均体重是推算的（70 岁及以上男性平均体重 60 公斤，70 岁及以上女性平均体重 55 公斤），需要对其进行灵敏度分析。在推算结果上上下波动 5 公斤（1 公斤等于 1 千克），对食物用粮需求的影响大小见表 8.4。

表 8.4　70 岁以上人口平均体重波动对食物用粮的影响（单位：%）

70 岁及以上平均体重	2020 年	2025 年	2030 年	2035 年	2040 年	2045 年	2050 年
±5 公斤	0.26	0.34	0.39	0.49	0.62	0.72	0.76

表 8.4 显示，在 70 岁及以上男女的平均体重为 60 公斤、55 公斤的估计值上下波动 5 公斤时，对食物用粮的影响不超过 1%，在可接受范围内。

8.4　小　　结

相比于传统的食物用粮需求的测算，本章采用标准人消费系数方法，将人口年龄结构、性别结构、城乡结构变化导致的食物用粮需求变动引入到实际测算模型中。主要的结论有：人口年龄结构变化尤其是老龄化率的提高将使食物用粮的需求减少，从而减缓我国粮食安全压力。城镇化率的提高将增大我国粮食的需求量，制定粮食安全战略时应充分考虑城镇化因素。生育政策调整所带来的人口结构变化不是未来我国粮食安全压力的主要影响因素。

8.5　建　议

基于对食物用粮需求测算结果的分析，为确保我国粮食供给安全，提出以下建议。

（1）加强粮食消费数据的收集、统计和科学分析。

对全国范围内的粮食消费进行全面的、准确的调查，包括农村居民和城市居民的粮食消费情况、餐饮业和粮食加工业的粮食消费情况等。建立健全粮食消费统计体系，包括粮食消费分类标准、统计指标、数据收集和整理方法等。建立健全粮食消费数据的监督和检查机制，确保收集到的数据真实可靠，消除数据造假等问题。利用计算机和信息技术手段，对收集到的粮食消费数据进行分类、整理、分析和处理，实现数据的可视化展示和共享。

（2）建立健全粮食储备体系。

基于粮食消费数据，考虑人口规模和结构变化等因素对粮食需求的影响，合理规划和动态调整粮食储备量。加强对粮食市场的监管，确保粮食储备充足。积极参与全球粮食安全治理，以国际贸易为补充，保障国内粮食需求。

（3）采取有效措施将粮食损耗与浪费降到最低。

加强对农民及农业合作组织在粮食生产、收获、仓储等环节的技术服务，改善这些环节中配套农业基础设施条件，推动农户科学储粮。引导粮食加工企业转型升级和适度加工。大力倡导简朴务实的餐饮消费观，培养平衡膳食的饮食习惯，并最大限度地实现餐余的二次利用。

（4）加强农业生产，推动农村产业结构调整。

加强农业技术研发，培育高产优质的农作物品种，推广高效农业技术，提高粮食生产效率和质量。推动农村产业结构调整，发展多种经营、多种形式的农业生产，培育现代农业产业，提高农民收入，增强农民种粮的积极性。

参 考 文 献

阿里研究院. 2015. 阿里研究院"互联网+"研究报告[EB/OL]. https://www.sohu.com/a/7723459_106510[2015-03-24].

巴曙松. 2011. 人口结构变化冲击中国经济[EB/OL]. http://www.p5w.net/news/xwpl/201107/t3706800.htm[2011-07-12].

蔡昉. 2004. 人口转变、人口红利与经济增长可持续性——兼论充分就业如何促进经济增长[J]. 人口研究, 28 (2): 2-9.

蔡昉. 2011-06-27. 提高全要素生产率应对"未富先老"[N]. 中国人口报, (3).

曹历娟, 洪伟. 2009. 世界粮食危机背景下我国的粮食安全问题[J]. 南京农业大学学报 (社会科学版), 9 (2): 32-37.

常平凡. 2005. 中国人均食用粮食消费量的时序预测[J]. 山西农业大学学报 (自然科学版), 25 (1): 87-92.

陈刚. 2007. 我国老龄产业发展研究[D]. 重庆: 西南大学.

陈利平. 2005. 高增长导致高储蓄: 一个基于消费攀比的解释[J]. 世界经济, 28 (11): 3-9, 79.

陈玲玲, 林振山, 郭杰, 等. 2009. 基于 EMD 的中国粮食安全保障研究[J]. 中国农业科学, 42 (1): 180-188.

陈茗, 兰荣生. 2006. 发达国家老龄产业的发展及相关政策——以日本为例[C]//老龄问题研究论文集 (十) ——积极老龄化研究之二. 福州: 福建省老年学会: 115-125.

陈卫, 杨胜慧. 2014. 中国 2010 年总和生育率的再估计[J]. 人口研究, 38 (6): 16-24.

陈勇鸣. 2012. 老龄产业是中国经济新的内需增长点[EB/OL]. http://theory.rmlt.com.cn/2012/0618/38653.shtml[2012-06-18].

陈宗胜. 1991. 公有经济发展中的收入分配差别理论模型与假说 (I): 劳动差别——生计剩余模型[J]. 南开经济研究, 1 (3): 3-12, 60.

陈宗胜. 1999. 改革、发展与收入分配[M]. 上海: 复旦大学出版社.

程国强, 陈良彪. 1998. 中国粮食需求的长期趋势[J]. 中国农村观察, 1 (3): 3-8, 13.

程永宏. 2007. 改革以来全国总体基尼系数的演变及其城乡分解[J]. 中国社会科学, (4): 45-60, 205.

丁冰. 2007. 基尼系数在我国的适用性分析[J]. 中州学刊, (2): 30-35.

董静, 李子奈. 2004. 修正城乡加权法及其应用——由农村和城镇基尼系数推算全国基尼系数[J]. 数量经济技术经济研究, 21 (5): 120-123.

杜胜利. 2007. 就业与收入公平分配的相关性及其对策研究[J]. 商场现代化, (15): 34-35.

封志明. 2007. 中国未来人口发展的粮食安全与耕地保障[J]. 人口研究, 31 (2): 15-29.

封志明, 杨艳昭, 闫慧敏, 等. 2017. 百年来的资源环境承载力研究: 从理论到实践[J]. 资源科学, 39 (3): 379-395.

龚六堂，谢丹阳. 2004. 我国省份之间的要素流动和边际生产率的差异分析[J]. 经济研究，39（1）：45-53.

贺一梅，杨子生. 2008. 基于粮食安全的区域人均粮食需求量分析[J]. 全国商情（经济理论研究），（7）：6-8.

胡鞍钢，刘生龙，马振国. 2012. 人口老龄化、人口增长与经济增长——来自中国省际面板数据的实证证据[J]. 人口研究，36（3）：14-26.

胡小平，郭晓慧. 2010. 2020年中国粮食需求结构分析及预测——基于营养标准的视角[J]. 中国农村经济，（6）：4-15.

黄敬军，姜素，张丽，等. 2015. 城市规划区资源环境承载力评价指标体系构建——以徐州市为例[J]. 中国人口·资源与环境，25（S2）：204-208.

黄任民. 2008. 我国劳动力供给压力正在进入逐步减缓时期[J]. 经济理论与经济管理，（7）：30-33.

贾爽. 2014. 我国人口老龄化对居民储蓄的影响探求[J]. 环球人文地理，4：214-216.

简新华，黄锟. 2010. 中国城镇化水平和速度的实证分析与前景预测[J]. 经济研究，45（3）：28-39.

姜风，孙瑾. 2007. 对当前我国粮食需求的中长期预测方法研究[J]. 经济与管理研究，（9）：46-50.

靳永爱，宋健，陈卫. 2016. 全面二孩政策背景下中国城市女性的生育偏好与生育计划[J]. 人口研究. 40（6）：22-37.

李桂芝，崔红艳，严伏林，等. 2016. 全面两孩政策对中国人口总量结构的影响分析[J]. 人口研究，40（4）：52-59.

李俭富. 2008. 经济增长、人口结构与储蓄率的关系研究[J]. 统计教育，（12）：25-28.

李健，杨丹丹，高杨. 2014. 基于状态空间模型的天津市环境承载力动态测评[J]. 干旱区资源与环境，28（11）：25-30.

李魁. 2010. 人口年龄结构变动与经济增长——兼论中国人口红利[D]. 武汉：武汉大学.

李齐云，崔德英. 2008. 老龄产业发展现状、问题与对策研究[J]. 山东经济，24（1）：71-75.

李荣锋. 2017.《2016—2020中国城镇化率增长预测报告》在京发布[EB/OL]. http://www.rmzxb.com.cn/c/2017-01-05/1265270.shtml[2017-01-05].

李实，罗楚亮. 2007. 中国城乡居民收入差距的重新估计[J]. 北京大学学报（哲学社会科学版），44（2）：111-120.

李文星，徐长生，艾春荣. 2008. 中国人口年龄结构和居民消费：1989—2004[J]. 经济研究，43（7）：118-129.

李杨，殷剑峰. 2005. 劳动力转移过程中的高储蓄、高投资和中国经济增长[J]. 经济研究，40（2）：4-15，25.

李杨，殷剑峰，陈洪波. 2007. 中国：高储蓄、高投资和高增长研究[J]. 财贸经济，（1）：26-33，128.

李悦，成金华，席晶. 2014. 基于GRA-TOPSIS的武汉市资源环境承载力评价分析[J]. 统计与决策，（17）：102-105.

梁斯. 2014. 人口结构变化、储蓄率与地区经济增长——基于PVAR模型的实证分析[J]. 南方金融，10：23-29.

梁小珍，刘秀丽，杨丰梅. 2013. 考虑资源环境约束的我国区域生猪养殖业综合生产能力评价[J].

系统工程理论与实践，33（9）：2263-2270.

林光平，龙志和，吴梅. 2006. 中国地区经济σ-收敛的空间计量实证分析[J]. 数量经济技术经济研究，23（4）：14-21，69.

刘合光，陈珏颖. 2016. 人口结构变化对我国粮食需求的影响与对策[J]. 黑龙江粮食，16（8）：33-34.

刘家树. 2007. 我国人口结构与经济增长关系实证分析[J]. 安徽工业大学学报（自然科学版），24（2）：229-232.

刘庆，刘秀丽. 2018. 生育政策调整背景下2018—2100年中国人口规模与结构预测研究[J]. 数学的实践与认识，48（8）：180-188.

龙方. 2008. 中国未来粮食供求趋势预测[J]. 乡镇经济，24（6）：91-94.

陆杰华，王伟进，薛伟玲. 2013. 中国老龄产业发展的现状、前景与政策体系支持[J]. 城市观察，26（4）：5-13，21.

罗楚亮. 2006. 城乡居民收入差距的动态演变1988-2002年[J]. 财经研究，（9）：103-112.

骆建忠. 2008. 基于营养目标的粮食消费需求研究[D]. 北京：中国农业科学院.

马洪涛，张秋. 2015. 人口老龄化与居民储蓄关系的实证分析[J]. 江苏商论，（11）：149-150.

马小红，侯亚非. 2004. 北京市未来50年人口变动趋势预测研究[J]. 市场与人口分析，10（2）：46-49，62.

马小红，孙超. 2011. 中国人口生育政策60年[J]. 北京社会科学，（2）：46-52.

马永欢，牛文元. 2009. 基于粮食安全的中国粮食需求预测与耕地资源配置研究[J]. 中国软科学，（3）：11-16.

麦肯锡全球研究院. 2014. 中国的数字化转型：互联网对生产力与增长的影响[EB/OL]. https://www.mckinsey.com.cn/wp-content/uploads/2014/08/CN-MGI-China-ES.pdf[2019-02-08].

毛汉英，余丹林. 2001. 环渤海地区区域承载力研究[J]. 地理学报，56（3）：363-371.

穆光宗，张团. 2011. 十字路口的中国人口：危机与挑战——《公开信》前后的人口问题和中国道路[J]. 思想战线，37（3）：1-8.

倪姝图. 2016. "单独二胎"政策实施后的生育意愿研究——以长春市为例[D]. 长春：长春工业大学.

欧弢. 2017. 基于空间分析的资源环境承载力研究[D]. 昆明：昆明理工大学.

潘家华，魏后凯. 2015. 城市蓝皮书：中国城市发展报告No.8[M]. 北京：社会科学文献出版社.

齐明珠. 2011. 我国未来中长期劳动力需求预测[J]. 西北人口，32（4）：1-5.

秦成，王红旗，田雅楠，等. 2011. 资源环境承载力评价指标研究[J]. 中国人口·资源与环境，21（S2）：335-338.

邱鹏. 2009. 西部地区资源环境承载力评价研究[J]. 软科学，23（6）：66-69.

全国妇联. 2016. 全国妇联发布全面二孩政策对家庭教育影响调查报告[EB/OL]. http://baby.sina.com.cn/news/2016-12-22/doc-ifxyxury8000532.shtml[2016-12-22].

全倩倩，王诗卉，苗锐. 2011. 我国人口红利与经济增长关系实证研究[J]. 企业研究（理论版），（8）：141-142.

史晓丹. 2013. 我国人口老龄化趋势对储蓄率的影响研究[J]. 南方经济，7：56-63.

石雅茗. 2004. 20世纪50年代以来中国人口城市化进程分析[D]. 长春：吉林大学.

舒尔茨P. 2005. 人口结构和储蓄：亚洲的经验证据及其对中国的意义[J]. 经济学（季刊），4（4）：

194-221.

宋大力. 2006. 黑龙江省城乡居民收入差距的研究[D]. 哈尔滨：黑龙江大学.

孙奎立，刘庚常. 2009. 我国高储蓄率的人口老龄化因素探讨[J]. 金融与经济，（8）：12-14.

孙松滨. 2016. 从独生子女到二胎再到鼓励生育——全面放开生育政策应提到议事日程[J]. 边
　　疆经济与文化，（4）：3.

唐华俊，李哲敏. 2012. 基于中国居民平衡膳食模式的人均粮食需求量研究[J]. 中国农业科学，
　　45（11）：2315-2327.

田香兰. 2013. 日韩两国发展老龄产业的经验及对我国的启示[J]. 南开日本研究，（2）：339-352.

田永坡，郑磊，曹永峰. 2008. 人口老龄化、社会保障与人力资本投资[J]. 财经问题研究，（2）：
　　98-103.

万俊海. 2007. 我国老龄产业发展对策研究[D]. 哈尔滨：哈尔滨工程大学.

汪伟. 2008. 中国居民储蓄率的决定因素——基于 1995—2005 年省际动态面板数据的分析[J].
　　财经研究，（2）：53-64.

王德文，蔡昉，张学辉. 2004. 人口转变的储蓄效应和增长效应——论中国增长可持续性的人口
　　因素[J]. 人口研究，28（5）：2-11.

王广州. 2011. 北京市生育政策调整对出生人口规模的影响[J]. 北京社会科学，（3）：48-52.

王辉耀，刘国福，苗绿. 2015. 中国国际移民报告（2015）[M]. 北京：社会科学文献出版社.

王金营，戈艳霞. 2016. 全面二孩政策实施下的中国人口发展态势[J]. 人口研究，40（6）：3-21.

王金营，蔺丽莉. 2006. 中国人口劳动参与率与未来劳动力供给分析[J]. 人口学刊，（4）：19-24.

王萌. 2008. 资源税税负对收入公平的影响[J]. 宏观经济研究，（11）：65-68，73.

王霞. 2011. 人口年龄结构、经济增长与中国居民消费[J]. 浙江社会科学，（10）：20-24.

王森. 2010. 中国人口老龄化对居民储蓄率影响的定量分析——基于 VAR 模型的方法[J]. 中国
　　人口科学，（S1）：66-71.

王小鲁，樊纲. 2005. 中国收入差距的走势和影响因素分析[J]. 经济研究，40（10）：24-36.

王晓慧. 2017. 人口红利渐行渐弱　代表吁全面放开生育政策[EB/OL]. https://www.chinatimes.net.
　　cn/article/65053.html[2017-03-03].

王阳. 2012. 我国人口结构变化对经济社会发展的影响研究综述[J]. 西北人口，33（5）：1-6.

王莹莹，童玉芬. 2015. 中国人口老龄化对劳动参与率的影响[J]. 首都经济贸易大学学报，
　　17（1）：61-67.

王颖，佟健，蒋正华. 2010. 人口红利、经济增长与人口政策[J]. 人口研究，34（5）：28-34.

王永吉. 2014. 中国每年生产粮食35%被浪费，餐桌外浪费达700亿斤[EB/OL]. http://www.chinanews.
　　com/gn/2014/10-19/6693205.shtml[2014-10-19].

王宇，向莉莉. 2016. 卫计委：2030 年常住人口城镇化率将达 70%[EB/OL]. http://www.p5w.net/
　　news/gncj/201607/t20160706_1507967.htm[2016-07-06].

王章华. 2010. 我国老龄产业现状、问题及对策[J]. 宏观经济管理，1（1）：37-39.

魏君英，吴亚平，吴兆军. 2015. 基于库兹涅茨拐点的中国城乡居民收入差距与经济增长关系的
　　实证研究[J]. 中国农业资源与区划，36（6）：112-119.

吴乐. 2011. 中国粮食需求中长期趋势研究[D]. 武汉：华中农业大学.

吴耀. 2006. 积极发挥财政作用促进社会收入公平分配[J]. 西部财会，（11）：16-18.

向晶，钟甫宁. 2013. 人口结构变动对未来粮食需求的影响：2010—2050[J]. 中国人口·资源与

环境，23（6）：117-121.

辛良杰，王佳月，王立新. 2015. 基于居民膳食结构演变的中国粮食需求量研究[J]. 资源科学，37（7）：1347-1356.

熊琴. 2006. 阶层理论视角下我国居民收入差距的分析及公共政策建议[D]. 长沙：中南大学.

徐永发. 2005. 改革开放以来我国城乡居民收入差距问题研究[D]. 武汉：武汉大学.

杨宏，谭博. 2006. 西方发达国家老龄产业的发展经验及启示[J]. 经济纵横，（7S）：65-66，75.

袁志刚，宋铮. 2000. 人口年龄结构、养老保险制度与最优储蓄率[J]. 经济研究，（11）：24-32，79.

曾毅. 2013. 建议尽快实行"普遍允许二孩与提倡适当晚育"政策[M]. 北京：社会科学文献出版社，57-80.

翟振武，陈佳鞠，李龙. 2015. 现阶段中国的总和生育率究竟是多少？——来自户籍登记数据的新证据[J]. 人口研究，39（6）：22-34.

翟振武，李龙，陈佳鞠. 2016. 全面两孩政策对未来中国人口的影响[J]. 东岳论丛，37（2）：77-88.

张彬斌. 2010. 新中国 60 年人口发展轨迹：兼谈中国未来劳动力供给[J]. 重庆理工大学学报（社会科学），24（8）：33-38.

张纯元. 1994. 中国人口老化与未来市场[J]. 市场与人口分析，（1）：44-46.

张继红. 2006. 关于我国的人口结构对社会经济发展的影响分析[J]. 甘肃科技，（1）：6-9.

张君施. 2010. 基尼系数理论在我国的适用性[J]. 北京工商大学学报（社会科学版），25（2）：124-126.

张小玉. 2015. 低生育意愿及影响因素定性分析[D]. 北京：中共北京市委党校.

张晓立，杜长宇，郭林. 2007. 中国社会保障制度建设与收入分配差距研究[J]. 经济论坛，（15）：49-50，62.

张晓青，黄彩虹，张强，等. 2016. "单独二孩"与"全面二孩"政策家庭生育意愿比较及启示[J]. 人口研究，40（1）：87-97.

张现苓. 2014. 中国未来"第二次人口红利"探讨——基于人口年龄结构与居民储蓄关系的分析[J]. 西北人口，35（3）：6.

张兴，桂梅. 2017. 资源环境承载力评价指标体系研究[J]. 中国土地，（8）：18-20.

张翼. 2012. 人口转型与养老保险制度改革——中国可能从日本吸取的经验与教训[J]. 河北学刊，32（3）：114-120.

赵宝华. 1999. 试论中国老年消费市场及其对策[J]. 市场与人口分析，（6）：25-26，54.

赵兴罗. 2007. 实现收入公平分配财政机制及政策建议[J]. 统计与决策，（9）：112-113.

郑长德. 2007. 中国各地区人口结构与储蓄率关系的实证研究[J]. 人口与经济，（6）：1-4，11.

中国人民银行课题组. 1999. 中国国民储蓄与居民储蓄的影响因素[J]. 经济研究，（5）：3-10.

中国社会科学院城市发展与环境研究所. 2015. 城市蓝皮书：中国城市发展报告 No.8[M]. 北京：社会科学文献出版社.

周云波. 2009. 城市化、城乡差距以及全国居民总体收入差距的变动——收入差距倒 U 形假说的实证检验[J]. 经济学（季刊），8（4）：1239-1256.

朱博. 2014. 中国基尼系数问题研究[D]. 成都：西南财经大学.

Assessment M E. 2005. Ecosystems and Human Well-Being：Biodiversity Synthesis[M]. Washington D.C：World Resources Institute.

Bacon B，Pennec S. 2009. Microsimulation，Macrosimulation：Model Validation，Linkage and

Alignment[M]. Canberra： University of Canberra，17-19.

Basten S，Jiang Q B. 2014. China's family planning policies： recent reforms and future prospects[J]. Studies in Family Planning，45（4）：493-509.

Box G E P，Jenkins G M. 1970. Time Series Analysis： Forecasting and Control[M]. San Francisco： Holden-Day.

Cai F，Wang D. 2005. China's demographic transition： implications for growth[C]//Garnaut R，Song L. The China Boom and Its Discontents. Canberra： Asia Pacific Press.

Cai Y. 2013. China's new demographic reality： learning from the 2010 census[J]. Population and Development Review，39（3）：371-396.

Chen J，Hou W. 2008. New approach to estimate the Chinese Gini coefficients from 1978 to 2003 [EB/OL]. http://www.ceauk.org.uk/2008-conference-papers/Chen-Jiandong-Wenxuan-Hou-Estimate-the-Chinese-Gini-Coefficients.pdf[2014-01-12].

Chen J，Dai D，Pu M，et al. 2010. The trend of the Gini coefficient of China[R]. Manchester： Brooks World Poverty Instiute Working Paper.

Clark R L，Spengler J J. 1980. The Economics of Individual and Population Aging[M]. Cambridge： Cambridge University Press.

Crow E L，Shimizu K. 1987. Lognormal Distributions： Theory and Applications[M]. New York： M. Dekker.

David I，Druart X，Lagriffoul G，et al. 2007. Genetic and environmental effects on semen traits in Lacaune and Manech tête rousse AI rams[J]. Genetics Selection Evolution，39：405-419.

Deng M，Yang Y. 2004. Estimating parameter in lognormal distribution from grouped data[J]. Systems Engineering-Theory Methodology Application，13（6）：553-556.

Dubina K S，Kim J，Emily R，et al. 2020. Projections overview and highlights，2019—29[R]. Washington： Monthly Labor Review： September 2020：39-71.

Engle R F，Granger C W J. 1987. Co-integration and error correction： representation，estimation and testing[J]. Econometrica，55，251-276.

Faruqee H，Muhleisen M. 2002. Population aging in Japan： demographic shock and fiscal sustainability[J]. Japan and the World Economy, 15（2）：185-210.

Firebaugh G. 2003. The New Geography of Global Income Inequality[M]. Cambridge： Harvard University Press.

Fisher I. 1930. The Theory of Interest [M]. New York： Macmillan.

Freeman R B. 2002. The labor market in the new information economy[J]. Oxford Review of Economic Policy，18（3）：288-305.

Fry M J，Mason A. 1982. The variable rate-of-growth effect of the life-cycle saving model[J]. Eoconomic Enquiry，20（3）：426-442.

Futagami K，Nakajima T. 2001. Population aging and economic growth[J]. Journal of Macroeconomics，23（1）：31-44.

Ghosh A，Gangopadhyay K，Basu B. 2011. Consumer expenditure distribution in India，1983-2007： evidence of a long Pareto tail[J]. Physica A： Statistical Mechanics and its Applications，390（1）：83-97.

Goldberger A. 1973. Dependency rates and savings rates: further comment[J]. American Economic Review, 63: 232-233.

Granger C W J. 1969. Investigating causal relations by econometric models and cross-spectral methods[J]. Econometrica, 37 (3): 424-438.

Griffiths W, Hajargasht G. 2015. On GMM estimation of distributions from grouped data[J], Economics Letters, 126: 122-126.

Groezen B, Meijdam L, Verbon H. 2005. Serving the old: aging and economic growth[J]. Oxford Economic Papers, 57 (4): 647-663.

Harbaugh R. 2004. China's High Savings Rates[R]. Taipei: The Rise of China Revisited: Perception and Reality.

Harris J M, Kennedy S. 1999. Carrying capacity in agriculture: globe and regional issue[J]. Ecological Economics, 129 (3): 443-461.

Hellebrandt T, Mauro P. 2015. The future of worldwide income distribution[R]. Peterson Institute for International Economics.

Higgins M, Williamson J G. 1997. Age structure dynamics in asia and dependence on foreign capital[J]. Population and Development Review, 23 (2): 261-293.

Hillebrand E. 2009. Poverty, growth, and inequality over the next 50 years[EB/OL]. https://www. rrojasdatabank.info/ak968e00.pdf[2009-06-26].

Holzmann R. 2009. Aging Population, Pension Funds, and Financial Markets: Regional Perspectives and Global Challenges for Central, Eastern and Southern Europe[M]. New York: World Bank.

Horioka C Y. 2006. The causes of Japan's "lost decade": the role of household consumption [R]. Cambridge: NBER.

Imhoff M L, Bounoua L, Ricketts T, et al. 2004. Global patterns in human consumption of net primary production[J]. Nature, 429: 870-873.

Jasso G. 1979. On Gini's mean difference and Gini's index of concentration[J]. American Sociological Review, 44 (5): 867-870.

Jiang D K, Chen Z, Dai G L. 2017. Evaluation of the carrying capacity of marine industrial parks: a case study in China[J]. Marine Policy, 77: 111-119.

Johansen S. 1988. Statistical Analysis of cointegration vectors[J]. Journal of Economic Dynamics and Control, 12 (2/3): 231-254.

Johansen S, Juselius K. 1990. Maximum likelihood estimation and inference on cointegration—with applications to the demand for money[J]. Oxford Bulletin of Economics and Statistics, 52 (2): 169-210.

Kuznets S. 1955. Economic growth and income inequality[J]. America Economic Review, 45: 42-48.

Lee R D. 2007. Global Population Aging and Its Economic Consequences[M]. Washington D. C: American Enterprise Institute.

Leff N H. 1969. Dependency rates and saving rates[J]. The American Economic Review, 59 (5): 886-896.

Li S. 2003. Review and prospect: studies on China's resident income distribution[J]. China Economic Quarterly, 2 (2): 379-404.

Li S，Sicular T，Gustafson B. 2008. Research on Income Dstribution in China[M]. Beijing：Beijing Normal University Press.

Lindh T，Malmberg B. 1999. Age structure effects and growth in the OECD，1950—1990[J]. Journal of Population Economics，12：431-449.

Liu H M. 2012. Comprehensive carrying capacity of the urban agglomeration in the Yangtze River Delta，China[J]. Habitat International，36（4）：462-470.

MacKellar L，Ermolieva T. 2004. The Economic Impacts of Population Aging in Japan[M]. Cheltenham：Edward Elgar Publishing.

Mai Y，Peng X，Chen W. 2013. How fast is the population aging in China?[J]. Asian Population Studies，9（2）：216-239.

Mason A. 1988. Saving，economic growth and demographic change[J]. Population and Development Review，14：113-144.

McKinsey. 2011. Internet matters: the Net's sweeping impact on growth，jobs，and prosperity[EB/OL]. https://www.mckinsey.com/industries/technology-media-and-telecommunications/our-insights/internet-matters[2020-02-08].

Meng X，Zhang J. 2001. The two-tier labor market in urban China：occupational segregation and wage differentials between urban residents and rural migrants in Shanghai[J]. Journal of Comparative Economics，29（3）：485-504.

Mukhamediyev B，Kudasheva T，Khitakhunov A. 2018. Interdependence of macroeconomic indicators and inequality in Kazakhstan and its main trading partners[C]//Bilgin M，Danis H，Demir E，et al. Eurasian Economic Perspectives. Berlin：Springer：75-88.

Nishino H，Kakamu K. 2011. Grouped data estimation and testing of Gini coefficients using lognormal distributions[J]. Sankhya B，73（2）：193-210.

Pichat B. 1956. The aging of populations and its economic and social implications[R]. New York：United Nations，Dept. of Economic and Social Affairs.

Popkin B M，Adair L S，Ng S W. 2012. Global nutrition transition and the pandemic of obesity in developing countries[J]. Nutrition Reviews，70（1）：3-21.

Qi X X，Vitousek P M，Liu L M. 2015. Provincial food security in China：a quantitative risk assessment based on local food supply and demand trends[J]. Food Security，7（3）：621-632.

Ram R. 1982. Dependency rates and aggregate savings：a new intemational cross-section study[J]. American Economic Review，72（3）：537-544.

Rebelo S. 1991. Long-run policy analysis and long-run growth[J]. Journal of Political Economy，99（3）：500-521.

Rogers A. 1966. Matrix methods of population analysis[J]. Journal of the American Institute of Planners，32（1）：40-44.

Rogers A. 1986. Parameterized multistate population dynamics and projections[J]. Journal of the American Statistical Association，81（393）：48-61.

Running S W. 2012. A measurable planetary boundary for the biosphere[J]. Science，337（6101）：1458-1459.

Smith S K，Tayman J，Swanson D A. 2013. A Practitioner's Guide to State and Local Population

Projections[M]. Germany: Springer Netherlands: 46-49, 238-241.

Tibbitts C. 1960. Handbook of Social Gerontology[M]. Chicago: University of Chicago Press.

Tyers R, Shi Q. 2007. Demographic change and policy responses: implications for the global economy[J]. The World Economy, 30 (4): 537-566.

United Nations. 2015. World Population Prospects, the 2015 Revision[EB/OL]. https://population.un. org/wpp/Publications/Files/Key_Findings_WPP_2015.pdf[2019-01-30].

United Nations. 2017. World Population Prospects, the 2017 Revision[EB/OL]. https://www.un.org/ en/development/desa/population/events/pdf/other/21/WPP2017_press.briefing_presentation.slide s_FINAL.pdf[2022-01-30].

Varis O, Vakkilainen P. 2001. China's 8 challenges to water resources management in the first quarter of the 21st Century[J]. Geomorphology, 41 (2/3): 93-104.

Vasileska A, Rechkoska G. 2012. Global and regional food consumption patterns and trends[J]. Procedia-Social and Behavioral Sciences, 44: 363-369.

Wang C T. 2012. History of the Chinese family planning program: 1970-2010[J]. Contraception, 85 (6): 563-569.

Wang F, Gu B C, Cai Y. 2016. The end of China's one-child policy[J]. Studies in Family Planning, 47 (1): 83-86.

Wang R, Cheng J H, Zhu Y L, et al. 2017. Evaluation on the coupling coordination of resources and environment carrying capacity in Chinese mining economic zones[J]. Resources Policy, 53: 20-25.

Wilson T, Rees P. 2005. Recent developments in population projection methodology: a review[J]. Population, Space and Place, 11 (5): 337-360.

Wilson T. 2011. A review of sub-regional population projection methods[R]. Saint Lucia: The University of Queensland.

Wu X, Perloff J M. 2004. China's income distribution over time: reasons for rising inequality[R]. Economic Growth.

Ye L M, Ranst E V. 2009. Production scenarios and the effect of soil soil degradation on long-term food security in China[J]. Global Environmental Change, 19 (4): 464-481.

Ye L M, Xiong W, Li Z G, et al. 2013. Climate change impact on China food security in 2050[J]. Agronomy for Sustainable Development, 33 (2): 363-374.

附录 一台机器人可代替多少工人的参考资料

（1）富士康科技集团总经理游象富在江苏昆山接受记者采访时表示，由于"工厂关灯""机器换人"，昆山厂区其员工从最多时的 11 万人缩减至 5 万多人，但营业额仍在增加。据企业统计，自 2010 年至 2015 年富士康投入 3 亿元对昆山厂区车间进行自动化改造，采用自主研发机械手臂 2000 余台[①]。

（2）2014 年，杭州康奋威科技股份有限公司销售了 80 台自动串焊机，每台售价在 160 万元左右。据介绍，串焊机可以取代 10 个 12 小时一班的工人，一天可以节省 20 人。如果以每人月薪 3000 元计算，一年下来节省的人工成本近 200 万元。采购这台机器设备的投入，一年时间就能回本[②]。

（3）在珠三角诸多制造业工厂里，原由大量工人值守的一线生产岗位已被机器人取代。以东莞一家制造 LED（light emitting diode，发光二级管）灯具配件的台企为例，几年前这家企业用工 700 余人，在引进德国产机器人生产线之后，只需要 100 多人就能维持运转[③]。

（4）东莞从 2014 年启动机器人应用推广，截至 2015 年底，东莞企业申报"机器换人"项目达 1262 个，总投资超 100 亿元，预计可减少用工 7.1 万人，单位产品成本平均下降 10%，劳动生产率平均提高 65%。年关将至，农民工大举返乡之时，余剑开始为春节过后的"招工难"感到担忧。他是东莞一家电路板生产企业的经理。每年招工都要煞费苦心，并且工资水涨船高，余剑所在的公司早已计划，等时机成熟，进一步加大"机器换人"的步伐[④]。

（5）一台马桶喷釉机器人在"学会"了工人的技艺后，工作效率抵得上 8 名工人。生产线上，几名工人在做最后的包装，他们打包好的产品，由一只约 3 米高的机器手臂稳稳抓取并整齐地放置好。车间的通道上，放着音乐的 AGV（automated guided vehicle，AGV）小车（自动导引运输车）上驮着产品有序地行

---

① 富士康江苏昆山"工厂关灯""机器换人"，https://www.chinanews.com.cn/cj/2015/05-22/ 7295622.shtml [2015-05-22]。

② 从人口红利到机器人红利，商界，2015，10：55-56。

③ 机器人来了，咱们工人怎么办，http://epaper.grzx.com.cn/html/2015/10/20/content_11736.htm[2015-10-20]。

④ 东莞"一号文"：3 年内八成工业企业实现"机器换人"，https://www.baidu.com/link?url=ye59mzcS_cQJKgHMtO2plk dMijq0rR50NUvFhZiVy0RknkYtmyjvf7Jg1WYlg4Vz59yEVXMFlJ3G4YMBA2iKlPOQGE5IRFGSSV1E4i1ZuJq&wd=&eqid =e7d29a79000fb542000000036498e93c[2016-01-29]。

驶着，如果有人挡住前路，小车会自动停下并发出警报①。

（6）近年来，珠三角地区悄然掀起了工业企业"机器代人"大潮，据业内统计，目前珠三角工业机器人使用量年均增速达 30%，有些行业甚至达 60%②。

（7）用 60 台打磨机器人、60 个工人，通过人机交互进行生产，相比原先600 多人、通过打磨车床手工打磨，工作效率能提高多少？作为广东长盈精密技术有限公司的董事长，陈奇星这些天一直在默默算着这样一笔账。最后的数据让他很欣慰：机器人打磨效率提升了两倍，平均产能超过 21 000 件/月，而且产品不良率降低了两成③。

（8）2013 年以来，嘉善县西塘镇把"机器换人"作为"强投入、稳增长、调结构、促转型"的重要抓手。富鼎电子科技（嘉善）有限公司、浙江星龙电讯科技股份有限公司等 14 家企业已经完成一期"机器换人"项目建设，并取得明显成效。据统计，项目总投资 116 774.1 万元，其中设备投入 96 553.1 万元，减少员工1294 人、减能耗 46 638 吨标准煤④。

---

① "机器换人"席卷珠三角 60 台机器手干 650 人的活，http://news.sohu.com/20150808/n418406059.shtml [2015-08-08]。

② 国家安监总局推出三年"机器换人"计划高危岗位减三成，http://china.cnr.cn/ygxw/20150621/t20150621_518908998.shtml[2015-06-21]。

③ "机器换人"，赢家还是人！，http://finance.people.com.cn/n/2015/0516/c1004-27009763.html [2015-05-16]。

④ 古镇西塘加快"机器换人"推进步伐，https://www.163.com/money/article/A07Q0K1D00253B0H.html [2014-07-03]。